Was mich im Dunkeln trägt

LUCIE PANZER

Was mich im Dunkeln trägt

Abendgedanken für eine
gute Nacht

VEG

INHALT

VORWORT

Abends, um drei Minuten vor sieben, gibt es im Radioprogramm SWR 4 die Abendgedanken. Diese Sendereihe liegt mir inzwischen besonders am Herzen, denn ich merke: Abends, wenn es ruhiger wird, braucht man jemanden, der einem gut zuredet. Ich meine das ganz wörtlich und ganz positiv. Ich jedenfalls brauche dann jemanden, der mir etwas Gutes sagt. Jemanden, der mir sagt, was mir gut tut. Das hilft mir, loszulassen, was mir noch keine Ruhe lässt.

Manchmal ist das der Mensch, der sich freut, dass ich endlich nach Hause komme. Manchmal ist eine Postkarte mit herzlichen Grüßen da, manchmal eine E-Mail von einem Freund oder einer Freundin. Dann kann ich wieder spüren, wie gut es Gott mit mir meint. Die Anspannung des Tages lässt nach. Ich kann mich ent-spannen.

Eine andere Stimme. Jemand, der mir gut zuredet. Genau so sind auch die Abendgedanken im Radio gemeint. Sie sollen die Zuhörer auf andere, neue Gedanken bringen. Die Abendgedanken sollen aufmerksam machen auf Gott, der den ganzen Tag über mit mir gegangen ist, den ich aber im Stimmengewirr des Tages oft nicht spüren kann, geschweige denn hören. Und sehen kann ich ihn schon gar nicht. Da geht es mir nicht anders als vielen Hörerinnen und Hörern auch. Deshalb braucht man jemanden, der einen aufmerksam macht, am besten am Abend, wenn es schon ruhiger wird.

Wie das ist, habe ich vor einer Weile bei einer vogelkundlichen Wanderung gelernt. Das war zwar nicht am Abend, sondern am frühen Morgen in einem Urlaub, als ich Zeit dafür hatte. Schon bald konnte man aus dem verwirrenden Gezwitscher Amseln heraushören und Tauben, Kohlmeisen, Goldammern und Grünfinken. Allerdings, habe ich gemerkt: ohne Anleitung wäre mir das nicht gelungen. Erst als der Führer uns aufmerksam gemacht hat, konnten wir einzelne Vogelstimmen heraushören. Das ist nun schon eine Weile her und ich fürchte, inzwischen könnte ich es nicht mehr. Ich habe die Einzelheiten schon wieder vergessen. Hören muss man üben. Erst, wenn man genau hinhört merkt man, wie vielfältig das Leben ist und kann die Stimmen unterscheiden.

Höret, dann werdet ihr leben! Das hat in biblischer Zeit der Prophet Jesaja seinen Leuten empfohlen (Jes 55,3). Er hat nicht die Vögel gemeint, auch nicht Musik, er hat Gott gemeint. Auf den sollen die Leute hören, auf seinen Rat. An seinen Weisungen sollen sie sich orientieren, von ihm sich trösten und ermutigen lassen. „Dann werdet ihr leben“. Dann kann man leichter das tragen, was einen drückt und zuversichtlich leben, würde ich vielleicht heute sagen.

Aber wie soll das gehen, kann man natürlich fragen, mit mir hat Gott noch nie gesprochen.

Ich glaube das, ehrlich gesagt nicht. Meine Erfahrung ist eher, dass ich Gott oft nicht heraushöre aus dem alltäglichen Stimmengewirr. Man muss nämlich aufmerksam hinhören. Und das kann man üben, genau wie bei der Vogelwanderung. Manchmal nämlich höre Gott, wenn ich meine Zeitung lese und etwas darin finde, was mir Mut macht oder etwas, das mich erschreckt und aufrüttelt. Oder wenn ich mit Freunden rede oder mit Kollegen. Plötzlich höre ich etwas, dass mir weiter hilft. Genau da, wo ich es brauche. Plötzlich ist die Idee da, die ich so lange gesucht habe. Auf einmal begreife ich, dass ich mir ganz unnötig Sorgen gemacht habe und schon längst jemand da ist, der mir helfen kann. Hinterher scheint mir oft – da habe ich Gott gehört.

So eine Hörübung auf Gott wollen die Abendgedanken sein. Manchmal vielleicht auch ein Hinweis, eine Anleitung: Erinnere dich! Schau doch mal! Man kann das auch anders sehen, was dir so viel Sorgen macht!

In diesem Buch sind solche Abendgedanken gesammelt, die zum Hören anleiten möchten. Sie gehen aus von der Erfahrung, dass man mitten im Alltag Gottes Stimme hören und seine Nähe spüren kann – wenn man sich ein paar Minuten Zeit nimmt und aufmerksam die Ohren spitzt. Vielleicht hilft es auch, ab und zu ein bisschen in diesem Büchlein zu blättern.

Ich hoffe, Sie finden etwas, dass Ihnen gut tut!

Stuttgart, im September 2011 *Lucie Panzer*

1. HEIMAT

Zu Hause

Zu Hause ist es am schönsten. Das sagen viele von denen, die jetzt wieder aus dem Urlaub zurück kommen. Das eigene Bett, in dem man doch am besten schläft, das Frühstück mit der Zeitung, so, wie man es gewohnt ist, das Radioprogramm, bei dem man daheim ist. Der Blick aus dem Fenster ist vertraut, der Metzger und der Bäcker sind da, wo sie immer waren, die Nachbarn, die die Blumen gegossen und nach der Post geschaut haben. Man muss anscheinend erst verreisen und wieder kommen, damit man weiß, was man daran hat.

Zu Hause, das ist da, wo man sich darauf verlassen kann, dass es so ist, wie man es schon kennt. Zu Hause muss man nicht erst alles neu erkunden. Man fühlt sich sicherer, wenn man weiß, was hinter der nächsten Ecke kommt und was man im Laden zu erwarten hat. Man fühlt sich geborgen, wenn man weiß: die Menschen hier kenne ich, auf die kann ich mich verlassen. Auf manche vielleicht auch nicht, die Leute hier sind ja auch nicht besser als anderswo. Aber wenn ich weiß, woran ich mit ihnen bin, weil ich sie kenne, dann gibt mir das Sicherheit.

Deshalb kann man dann auch verreisen. Vom sicheren Hafen aus, gewissermaßen, eine Rundfahrt machen.

Das geht gut, wenn ich weiß: ich komme ja wieder zurück. Dann bin ich wieder sicher und geborgen. Denn zu Hause ist es doch am besten. Wenn man ein Zuhause hat, sicheren Grund unter den Füßen, dann kann man sich aufmachen und ein Stück Neuland erkunden. Das Zuhause gibt einem den Rückhalt, den man dafür braucht.

Früher, als die Leute noch bodenständiger waren als heute, haben sie gewusst, dass das noch nicht genug ist, wenn man Geborgenheit und Sicherheit sucht. Auch die höchste Stadtmauer, auch die fürsorglichste Familie, die verlässlichsten Nachbarn, nicht einmal das eigene Bett kann einen vor allem schützen, was kommt. Sie haben gewusst, dass es auch zu Hause keine hundertprozentige Sicherheit gibt. Aber sie haben sich auf Gott verlassen. Ein altes Lied sagt das so: „Ich steh in meines Herren Hand und will drin stehen bleiben. Nicht Erdenlust noch Erdentand soll mich daraus vertreiben. Und wenn zerfällt die ganze Welt. Wer sich an ihn und wen er hält, wird unverhindert bleiben."

Wir stehen in Gottes Hand, zu Hause und unterwegs auch. Auch das ist nicht Schutz vor allem Unglück. Aber er steht uns bei auch im Unglück. Das ist mehr. Das gibt einem Kraft zu tragen und zu ertragen. Das gibt einem Ruhe, nach einem gangbaren Weg zu schauen.

Bloß Nostalgie?

Je länger es her ist und je weiter sie weg ist, desto schöner erscheint einem die Heimat. Jeder und jede hat da andere Erinnerungen: Die Luft, die so anders riecht als hier und immer ging ein leichter Wind, und die Blätter der Bäume rauschten ein bisschen. Die Kirche mit dem verheißungsvollen Glockengeläut an Weihnachten. Die Straße, auf der ich Rad fahren gelernt habe, die Schule aus rotem Backstein, der Garten hinter dem Haus. Die Erinnerung hält fest, was schön war und schweigt von dem anderen.

Aber bei einem Besuch zeigt sich dann: Große Windräder überragen neuerdings den Ort und wirken irgendwie bedrohlich, Häuser werden abgerissen und neue gebaut, sogar die Kirche wurde renoviert und sieht ganz anders aus und man singt dort andere, neue Lieder. Die dort geblieben sind sagen: Es ist nicht mehr wie früher. Und beim Klassentreffen spürt man plötzlich die Angst, die man auch hatte damals in der Schule, dass es viel Streit gab fällt einem ein und in Mutters Garten tat einem der Rücken weh beim Erdbeeren pflücken, während die anderen ins Freibad gehen durften. Man darf sich also nicht zu genau erinnern. Ist Heimat vielleicht bloß ein zurechtgebogener Traum, eine Illusion?

Die Bibel meint ja, da ist was dran, jedenfalls, was unser Leben in dieser Welt angeht. Hier, heißt es, hier seid ihr immer unterwegs. Ganz zu Hause ist man hier nirgends. Jesus hat stattdessen von der kommenden Welt Gottes gesprochen, in der einmal alle Menschen in Harmonie zusammen sein werden wie bei einem großen Fest. Da sind alle willkommen, da gehört jeder dazu, ganz egal, welche Sprache er spricht und wie hoch sein Bankkonto ist. Von der himmlischen Stadt ist die Rede, die von Perlen und Edelsteinen funkelt und in der alles gut sein wird: kein Geschrei, keine Tränen, kein Tod. Bilder sind das, kein Mensch weiß, wie das wirklich sein wird. Aber dass man sich da zu Hause fühlen kann und alles gut ist, wie in den Erinnerungen an früher, das glauben wir Christen.

Dann wäre Heimat für Christen also bloß eine Hoffnung, und jetzt und hier muss man sehen, wo man bleibt? Ja – und nein. Von dieser Hoffnung leuchtet etwas herüber, das die Welt heller macht und schöner. Jesus hat gesagt: Ihr könnt einander Heimat geben. Einander das Leben schön machen. Dann werdet ihr euch zu Hause fühlen auch in dieser Welt. Vielleicht sieht man dieses Licht aus der kommenden Welt Gottes in der Kindheit am stärksten. So kann es später die dunklen Erinnerungen überstrahlen. Aber es gibt eigentlich keinen Grund, dass wir nicht auch heute und hier etwas davon aufleuchten lassen: von dem Licht, in dem wir alle einmal zu Hause sein werden.

Suchen?

Wie ist das, wenn einer hinter mir her kommt und mich sucht? Bedrohlich? Lästig? Vermutlich hängt es von der Situation ab. Meinen inzwischen erwachsenen Kindern ist es lästig. Sie fühlen sich kontrolliert, meinen, dass ich ihnen nichts zutraue, vor allem nicht, dass sie allein zurechtkommen. Sie haben es nicht gern, wenn ich frage: wohin gehst du, was hast du vor, wann kommst du zurück. Dabei meine ich es doch nur gut. Ich möchte eben wissen, wo ich sie suchen kann, wenn etwas schief gegangen ist. Aber das genau ist es ja wohl, was sie nicht mögen: dass ich immer schon befürchte, es könnte was schief gehen, sie könnten sich verlaufen und auf falsche Wege geraten. Was würden sie wohl sagen zu der Geschichte von dem Hirten und seinen Schafen, die Jesus erzählt hat? Als sich von seinen 100 Schafen eines verlaufen hat, geht der Hirte ihm nach und sucht es und trägt es zurück. So ist Gott, sagt Jesus. Er geht denen nach, die den Weg verloren haben. Er sucht die, die nicht mehr weiter wissen oder nicht mehr weiter können. Und trägt sie zurück. Zurück. Nein, nicht zurück in den Pferch. Aber zurück zu den anderen. Zurück dahin, wo sie Anschluss finden. Dahin, wo das Land weit ist und die Wiesen grün und das Wasser frisch. Dahin, wo das verirrte Schaf dann wieder selber finden kann, was zum Leben wichtig ist. Wie meine Kinder diese Geschichte wohl finden würden? Würden sie sagen: ich wusste es doch, Gott ist auch so ein Aufpasser, der darauf achtet, dass alle bei der Herde bleiben und keiner zu selbständig wird? Oder würden sie spüren, wie gut das tut, wenn man den Anschluss verloren hat und es kommt einen jemand suchen? Ich muss sie mal fragen, wie sie das sehen. Ich lerne jedenfalls aus dieser Geschichte: Einen anderen suchen und ihm nachgehen kann und soll man erst, wenn es wirklich nötig ist. Nicht vorsichtshalber und schon im Voraus. Dann kann wirklich leicht das Gefühl entstehen, ich traue dem anderen nicht zu, dass er seinen Weg allein findet. Zuhören, das ja, Stellung nehmen, wenn der andere Rat will. Aber ihn gehen lassen, wenn und wohin er will. Gott jedenfalls macht das so, sagt mir die Geschichte vom verirrten Schaf. Er lässt seine Menschen ihren Weg finden. Meistens geht es ja auch gut. Aber wenn wirklich was schief geht, dann sagt er nicht: da bist du selber Schuld, sieh zu, wie du jetzt weiter kommst. Wenn etwas schief geht, dann ist er da. Wie ist das, wenn einer hinter mir her kommt und mich sucht? Ich finde das, ehrlich gesagt, wunderbar. Mir sagt das: ich bin für jemanden sehr wichtig. Der schaut nach mir, der geht mir nach, der ist für mich da. So wichtig bin ich. Vielleicht sollte ich meinen Kindern einfach mal erklären, wie ich das sehe.

Heimat finden

Wie findet man Heimat, wenn man seine verloren hat? Wenn man noch nach Jahren an der Sprache hört, dass die eine Reingeschmeckte ist oder man sieht es an der Hautfarbe oder am Kopftuch oder am Schnurrbart? Was kann man dann tun, damit man dazu gehört?

Ich treffe viele, die sagen: hier lebe ich nun schon seit dreißig Jahren. Aber die Leute fragen immer noch, woher ich denn komme und meinen, dass ich doch nicht von hier sei. Und manchmal sagt jemand: du verstehst das nicht, du bist einfach nicht von hier.

Ich glaube, es ist wirklich wichtig, einen Ort zu haben, wo man dazu gehört. Wo es selbstverständlich ist, dass ich da bin. Wo ich das nicht rechtfertigen muss, nicht erklären, warum ich da bin und nicht dort geblieben, wo ich herkam. Wer so ein zu Hause nicht hat, fühlt sich immer ein bisschen unwillkommen. Dann hat man das Gefühl, sich entschuldigen zu müssen. Entschuldige, dass ich da bin. Das tut nicht gut, glaube ich. Am Ende zieht man sich zurück und tut sich leid. Manche spüren das besonders, wenn sie älter werden. Solange die Kinder da waren, sagen sie, da habe ich es nicht gespürt. Da war ich mit ihnen hier zu Hause, sie sind ja hier geboren. Ich habe hier nicht wirklich Anschluss gefunden, sagen manche noch nach vielen Jahren. Und andere kriegen es hin. Ganz selbstverständlich fühlen sie sich zu Hause, auch wenn sie nicht so sprechen oder nicht so aussehen wie die Leute um sie herum.

In der Bibel ist oft von Heimatlosen die Rede. Schon damals mussten Menschen aus Not ihre Heimat verlassen, oder sie wurden vertrieben und verschleppt. Solchen ins Ausland Verschleppten, die es besonders schwer hatten, sich zu Hause zu fühlen, hat ein Gottesmann einen Rat gegeben. Es liegt auch an euch, sagt er ihnen: „Suchet der Stadt Bestes und betet für sie … denn wenn ihr's wohl geht, dann geht's euch auch wohl (Jer 29, 7). Also: Schottet euch nicht ab. Glaubt nicht, wenn ihr einander möglichst in Ruhe lasst, würdet ihr am besten miteinander auskommen. Bringt euch ein in eurer Stadt, in eurem Dorf. Macht mit. Man muss kein Vereinsmeier werden, wenn einem das nicht so liegt. Man kann auch bei der Volkshochschule mitmachen, im Elternbeirat, in der Kirchengemeinde oder in der Kommunalpolitik, im Besuchskreis oder in der Jugendarbeit. Setzt euch ein für euren Ort, für eure Region, so verstehe ich diesen Rat. Nur wenn es allen gut geht, werden sich alle dafür einsetzen, dass das so bleibt. Und ihr gehört dazu und werdet Heimat finden.

Zusammen essen

„Bei den Deutschen isst jeder für sich allein. Jeder nimmt sich was aus dem Kühlschrank, wenn er Hunger hat. Sie essen fast nie zusammen." In meiner Zeitung wurde über die Eindrücke französischer Austauschschüler in Deutschland berichtet. Und das war ihre wichtigste Beobachtung in ihren Gastfamilien. „Sie essen fast nie zusammen." In Frankreich, erzählten sie, äße man fast jeden Abend gemeinsam ausführlich und könnte miteinander bereden, was am Tag so los gewesen ist.

Ich habe mir überlegt, wie sie das wohl machen in Frankreich. Meine Kinder sind abends fast immer unterwegs: Training, Musikstunde, Jungschar, Orchester, Fahrstunde... irgendwas ist immer. Es ist fast unmöglich, sie zusammen an einen Tisch zu bringen.

Aber eine schöne Vorstellung ist es trotzdem: alle an einem Tisch und man kann sich erzählen, was so war. Mir fällt dazu der Gründonnerstag ein. Da erinnern wir Christen uns an Jesus, der ein letztes Mal mit seinen Jüngern an einem Tisch saß. Sie haben das Passah-Fest gefeiert, dabei wurde ausgiebig und gut gegessen und getrunken. Noch einmal konnten und wollten sie erleben, wie gut das tut, beieinander zu sein. Alle waren damals dabei. Obwohl Jesus schon wusste, dass ihn einer von seinen Jüngern verraten würde. Obwohl die Jünger sich allesamt nicht sicher waren: ich vielleicht? Werde ich es sein, der ihn verraten wird? Offensichtlich hielt jeder es für möglich. Ich verstehe das. Wer weiß, wozu ich fähig wäre, in außerordentlicher Situation?

Noch einmal waren sie damals zusammen und haben gegessen. Und Jesus, der ahnte, dass es für ihn das letzte Mal sein würde, der riet ihnen: Tut das auch später, wenn ich gestorben sein werde. Tut das zu meinem Gedächtnis. Dann werde ich bei euch sein. Dann werdet ihr erleben, wie euch das stärkt, zusammen zu essen und zu trinken und wie ich dabei sein werde.

Später haben die ersten Christen begriffen, dass es noch viel mehr bedeutet, miteinander dieses Abendmahl immer neu zu feiern. Aber sie haben auch dies erlebt: Essen und Trinken hält Leib und Seele zusammen. Gemeinsam im Gedenken an Jesus zu feiern, das macht stark, weil man seine Nähe spüren und einander stärken kann.

Genauso, finde ich immer, ist es mit dem gemeinsamen Essen in der Familie und mit Freunden. Es verbindet, es tut gut, es stärkt und: es macht Spaß – erst recht, wenn man vorher zusammen kocht oder das Essen jedenfalls gemeinsam herrichtet. Ich hoffe, dass Sie das auch erleben können an den Feiertagen. Und vielleicht lassen sie sich ja auch zum Abendmahl einladen.

Allein sein

Allein sein ist eigentlich nicht schlimm. Oft ist es sogar eine Chance: Wenn andere um einen herum sind, kommt man oft zu gar nichts. Man funktioniert nur für die anderen, die einen nicht in Ruhe lassen.

Allein sein ist nicht schlimm. Schlimm ist es, wenn man auf sich selber fixiert ist. „Auf sich selber gebannt" habe ich neulich gelesen: Ich klebe an mir selber, kann nichts anderes mehr denken, auch nichts anderes mehr reden als nur von mir selbst und meinen Problemen. Vor allem alte Leute gibt es, denen es so geht. Die sind nicht nur allein, sondern einsam. Und einsam sein ist schlimm.

Nun gibt es Lebensphasen und Situationen, da ist man allein. Das kann ganz verschiedene Gründe haben. Was kann dann helfen, damit ich nicht einsam werde und mir selbst und anderen eine Last?

Mir hilft am meisten, wenn ich mir klar mache: Allein sein ist kein Versagen. Wenn ich allein bin, muss das nicht heißen, dass etwas schief gelaufen ist, schon gar nicht, dass ich etwas falsch gemacht habe. Allein sein ist keine Niederlage. Es ist eine Lebensphase, die genauso sinnvoll sein kann wie gemeinsames Leben.

Und Gott behütet gerade auch die, die allein sind, genauso wie die, die ganz viel Trubel um sich herum haben. Ich denke zum Beispiel an Elia, den Propheten, von dem die Bibel erzählt: sein mutiges Verhalten hat ihn einsam gemacht. Niemand ist mehr für ihn da, ganz allein sitzt er mitten in der Wüste. Und Gott sagt nicht: Kein Wunder, dass du niemanden hast. Hättest du nicht ein bisschen geschickter mit den Menschen umgehen können? Gott schickt dem Elia einen Engel, der für ihn sorgt. Er soll gerade nicht den Eindruck haben, dass niemand mehr für ihn da ist. Immer wieder kommen Zeichen von Gott: in der Geschichte sind es Essen und Trinken mitten in der Wüste. Es könnte wahrscheinlich auch ein freundlicher Anruf sein, eine anregende Sendung im Fernsehen, ein Vormittag im Thermalbad oder das Gespräch mit der Marktfrau – Zeichen, Dinge, die einen am Leben halten. So, wie Gott selbst Elia am Leben hält, der allein ist.

Gott selbst zeigt: Allein sein ist keine Niederlage. So gesehen muss es mich nicht bekümmern, dass ich allein bin. Im Gegenteil. Ich kann die Chance nutzen. Ungestört meine Arbeit machen. Aufgaben angehen, für die ich sonst keine Zeit hätte. Eine ganz alte Frau, die sonst nichts mehr tun konnte, hat mir erzählt: „Ich bete immer für alle, die es nötig haben. Das tut ja sonst doch keiner." Sie wirkte gar nicht einsam, als sie das sagte. Sie konnte von sich selbst wegsehen, war nicht auf sich selbst gebannt. Sie war allein – aber nicht einsam.

Abendläuten

In meinem Dorf läuten die Glocken nicht nur am Sonntag, sondern jeden Tag. Morgens um sechs und abends um sieben. Vielleicht auch mittags um zwölf, das weiß ich nicht so genau, da bin ich in der Stadt in meinem Büro, da hört man die Glocken nicht. Ich müsste mich mal erkundigen. Aber morgens und abends, da höre ich sie. Und ich finde das schön. Morgens vor allem. Ich schlafe gegen morgen schlecht und dann bin ich froh, wenn mir die Glocken sagen: jetzt ist die Nacht bald vorbei, jetzt ist Morgen. Und abends höre ich die Glocken auch gern. Dann sagen sie mir: es ist Zeit, aufzuhören. Was Du bis jetzt nicht geschafft hast, das wird heute sowieso nichts mehr. Feierabend. Jetzt ist Zeit für was anderes. Essen mit netten Menschen vielleicht und dann nur noch Dinge, die Freude machen. Oder jedenfalls erholsam sind. Feierabend. Schon das Wort klingt schön, finde ich.

Ich weiß, manche Leute stört das Läuten, vor allem morgens. Weil es noch so früh ist und sie gerne noch schlafen möchten. Das Läuten sei auch völlig überholt, sagen sie. Das braucht man doch nicht mehr. Das ist wohl wahr. Früher hat man geläutet, weil die Menschen keine Armbanduhr hatten, damit sie überall, auch draußen auf dem Feld hören konnten, wenn man anfangen musste zu arbeiten, wann Mittag ist und wann Feierabend. Das braucht man jetzt wirklich nicht mehr. Die Leute haben eine Uhr.

Aber ich finde, das Läuten ist mehr als eine Zeitansage. Das Läuten erinnert zweimal am Tag oder sogar dreimal an Gott, der mit mir durch den Tag geht. Der sieht, was geschieht. Ich stelle mir vor, dass er sich über manches freut, was ich tue. Und manches wird ihm Sorgen machen. Manches macht ihn vielleicht auch traurig. Aber jedenfalls ist er immer da. Er lässt mich nicht allein. Auch wenn ich manchmal, in dunklen Nächten, nichts davon merke und es nicht einmal recht glauben kann. Morgens erinnern die Glocken mich wieder. Auch, wenn Sie das merkwürdig finden: Manchmal bin ich dann ganz erleichtert.

„Ja", sagen Sie jetzt vielleicht, „liebe Frau Pfarrerin, ich bin aber nicht so fromm wie Sie. Mir sagen die Glocken nichts. Sie stören mich bloß. Sie ärgern mich." Dann kann ich Sie nur bitten, tolerant zu sein. Es läutet ja meistens nur noch ganz kurz, nicht mehr minutenlang wie früher. Vielleicht können Sie daran denken, dass es Menschen gibt, denen das gut tut, erinnert zu werden: Gott geht mit mir durch meinen Tag. Und ich hoffe sehr, dass Sie das nicht stört, sondern dass er Ihnen Halt gibt, wenn Sie das brauchen.

2. FÜR ANDERE DA SEIN

Verstehen und helfen

Wenn man nicht mehr weiter weiß, braucht man jemanden, der einen versteht und unterstützt. Es hilft wenig, wenn einem jemand auf die Schulter haut und sagt: „Kopf hoch, du schaffst das schon!“ Nötig ist vielmehr jemand, der begreift, wie es einem geht und der einem Mut macht.

Die Bibel erzählt von einer alten Frau, die das scheinbar besonders gut konnte. Die Frau hieß Elisabeth. Zu ihr kam eines Tages ein junges Mädchen, Maria aus Nazareth. Die Maria, die später die Mutter von Jesus wurde. Maria hatte gerade bemerkt, dass sie schwanger war. Verlobt war sie zwar – aber das machte die Sache eher schlimmer: ihr Verlobter war nicht der werdende Vater. Offensichtlich hat Maria nicht recht gewusst, was nun werden soll. Es sieht ein bisschen so aus, als sei sie von zu Hause davon gelaufen. Ich möchte auch nicht wissen, wie ihre Eltern und ihr Verlobter reagiert haben.

Maria jedenfalls flüchtet sich vor dem allen und vor dem Gerede der Leute zu Elisabeth, ihrer viel älteren Cousine. Dem Alter nach könnte sie auch Marias Großmutter gewesen sein. Zu der traut sie sich hin. Von der weiß Maria: die hat schon viel erlebt. Und gerade jetzt ist sie auch in einer Situation, über die sich die Leute das

Maul zerreißen. Die wird mich vielleicht verstehen. Also geht Maria zu Elisabeth (vgl. Lk 1, 39-45).

Und Elisabeth denkt nicht an sich selbst. Nicht an die Pläne, die mit Marias Schwangerschaft sinnlos werden. Nicht an das, was die Leute sagen werden. Elisabeth sieht nur die junge Frau und was mit ihr los ist. Sie schaut genau hin, sie nimmt ernst, was Maria ihr erzählt. Elisabeth begreift: hier geht es um viel mehr als um eine Schwangerschaft zur falschen Zeit. Hier hat eine junge Frau eine ganz besondere Möglichkeit bekommen. Hier wird ein Kind geboren werden, mit dem bekommt die Welt eine neue Chance.

Elisabeth macht Maria Mut. Sie redet nicht von den Schwierigkeiten, sie macht ihr keine Vorwürfe. Sie redet von den Möglichkeiten, die sich auftun. Sie redet von der Freude über das Kind, das Maria erwartet. Sie redet von dem, was Gott möglich machen kann.

Da kann Maria aufatmen. Da kann auch sie sich freuen. Jetzt kann sie mit Zuversicht auf ihr Kind warten.

In der Bibel steht, Elisabeth war mit Gottes Geist erfüllt, dass sie so reden und helfen konnte. Diesen großherzigen Geist Gottes können ältere Leute weiter geben, wenn sie nicht an ihre eigenen Pläne denken müssen. Diesen Geist Gottes, der Mut macht, den wünsche ich Großeltern und Enkeln.

Wieder da

Auf einmal steht der Sohn wieder vor der Tür. Vor 15 Jahren ist er ausgezogen, hat geheiratet, es gibt Enkel, alles schien in bester Ordnung. Natürlich, Streit gibt es immer mal. Aber dass es so schlimm war, hatten die Eltern doch nicht geahnt. Jetzt steht er vor der Tür, eine Reisetasche mit Sachen in der Hand. „Wir wollen uns scheiden lassen“, sagt er. Es scheint alles verloren. – „Was hätte ich denn tun sollen“, erzählt mir später seine Mutter. „Komm erst mal rein“, habe ich gesagt und das Bett bezogen in seinem alten Zimmer.

Ich kann mir vorstellen, wie das für sie als Mutter war. Wahrscheinlich hat sie an die Enkelkinder gedacht. Vielleicht an das Haus, das erst vor ein par Jahren fertig geworden ist. Vielleicht, dass sie mit der Schwiegertochter von Anfang an nicht richtig warm geworden ist. Sie ahnt vielleicht auch, dass es mit ihrem Sohn nicht ganz einfach ist. Und jetzt? Wie können Eltern sich verhalten in so einer Situation?

Mir ist dazu die Geschichte eingefallen, die Jesus erzählt hat, von dem Sohn, der wieder nach Hause gekommen ist, als alles schief gelaufen war. Dessen Vater, erzählt Jesus, hat sich gefreut. Gefreut, dass sein Sohn wusste, wo man ihn aufnimmt ohne wenn und aber. Wo er zur Ruhe kommen kann, überlegen, wie es jetzt weiter geht. Ohne, dass ihm einer reinredet. Ohne, dass ihm einer Vorwürfe macht. Ohne, dass einer sagt: Ich hab’s doch gewusst, das konnte ja nicht gut gehen. Das alles tut der Vater nicht in der Geschichte, die Jesus erzählt. Im Gegenteil. Er nimmt den Sohn auf und tut, was er kann, dass der wieder auf die Beine kommt. Was dazu nötig ist und was man tun kann, das ist sicher verschieden – das kommt sehr auf die Situation an. Ich verstehe die Geschichte aber so: der Vater denkt daran, was sein Sohn braucht. Nicht, was er als Vater richtig und wichtig findet. Er denkt auch nicht daran, was wohl die Leute sagen werden, wenn sein Sohn plötzlich wieder da ist. Und er macht ihm keine Vorschläge, was nun werden soll. Er lässt ihn einfach sein. Anscheinend ist es das, was dieser verlorene Sohn braucht.

Jesus hat gesagt: So macht es Gott für seine Söhne und Töchter, die verloren haben. Er tut, was ein Vater tun kann, damit sie nicht verloren gehen. Er lässt sie einfach sein, er gibt ihnen Raum und er hofft, dass seine Kinder bald wieder ihren Weg finden. Ich hoffe, dass ich das lernen kann. Jedenfalls ein bisschen.

Kinder stark machen

„Das Leben ist schön!" heißt ein sehr anrührender, irgendwie auch sehr lustiger Film, der in gar nicht lustigen Verhältnissen spielt. „Das Leben ist schön!" erzählt die Geschichte eines Vaters mit seinem Sohn im Konzentrationslager. Sie erleben dort schreckliche Dinge. Man versucht, den Menschen ihre Würde zu nehmen, ihre Selbstachtung. Sie sollen denken: wir sind nur Dreck, Untermenschen. Wahrscheinlich haben wir gar nichts anderes verdient, als dieses Elend. Aber der Vater will nicht, dass sein Sohn ganz klein und erbärmlich wird vor lauter Angst oder aggressiv vor Wut und Verzweiflung. Und er schafft es. Als die schlimme Zeit vorbei ist, da kann der Kleine nahezu unverletzt an Leib und Seele ins Leben gehen. Wie der Vater das macht, davon erzählt der Film „Das Leben ist schön!"

Man könnte nun denken, so etwas geht nur im Kino. Im richtigen Leben schaffen Väter das nicht und Mütter auch nicht. Aber vor ein paar Tagen habe ich etwas entdeckt, das hat mich eines besseren belehrt. Ich habe in Stuttgart am Nordbahnhof die Gedenkstätte für die im Nazideutschland deportierten Juden der Stadt entdeckt. Man kann dort die Namen der Deportierten lesen. Viele hundert, darunter auch viele Kinder. Ein paar Fotos sind da. Und ein Gedicht, geschrieben von einer jüdischen Frau, die damals Kind war und den gelben Judenstern tragen musste. Es heißt: „Ich bin ein Stern" und geht so:

Sterne am Himmel, ein Stern an der Brust,
Mama, ich weiß, ich habe es längst gewusst:
Kein Zeichen der Schande ist er, mein Stern.
Ich trag ihn mit Stolz, ich trage ihn gern.

Ein Stern als Lohn, der höchste Preis,
so war es immer, ja Papa, ich weiß.
Es ist mir egal, was die anderen sagen.
Ich will ihn für mich und trotz allen tragen.
Ich bin ein Stern.
Wenn sie über mich lachen, wenn sie mich schelten,
für mich soll der Stern etwas anderes gelten.
Sie starren mich an, sie zeigen auf mich.
Sie sind ohne Stern, der Stern bin ich.

Sie sind von Gott, die Sterne der Nacht.
Auch mich, auch mich hat er gemacht.
Weine nicht Mama, hör mein Versprechen,
Niemand wird meine Seele zerbrechen.
Ich bin ein Stern.

Nicht: ich muss diesen Stern tragen, sondern: ich bin etwas Besonderes, ich bin ein Stern. So haben Eltern ihr Kind stark gemacht. Sie konnten die Welt nicht verändern. Aber sie haben ihm etwas mitgegeben, von dem es leben konnte. Mir macht das Mut.

Die richtigen Worte

Manchmal fehlen einem die richtigen Worte. Mir geht das auch so. Da weiß man nicht, was man sagen soll. Alle eigenen Worte passen nicht richtig. Man kann einfach nicht richtig ausdrücken, was man sagen will. Oder die Erschütterung verschlägt einem die Sprache. Da fällt einem einfach nichts mehr ein, was womöglich trösten könnte oder die Situation leichter machen. Manchmal hilft dann ein stummer Händedruck oder eine Umarmung.

Aber oft merke ich auch: Ich sollte jetzt etwas sagen. Worte finden, die mir und vielleicht sogar dem anderen helfen, diese schwere Situation zu bewältigen. Was kann man dann tun?

Manchmal finde ich, helfen dann Worte, die schon da sind. Ein Vers oder ein Wunsch, den man auswendig kann. Das fällt einem auch dann noch ein, wenn einem nichts anderes mehr einfällt. Wenn das Herz ganz starr ist vor Trauer und die Gedanken still stehen. Dann helfen solche Worte, die man nicht erst selbst finden muss. Worte eben, die ein anderer schon gefunden hat.

Bei einem Besuch im Pflegeheim habe ich gehört, wie eine alte Dame mit ihrer Freundin gebetet hat. Die Freundin lag im Bett, man konnte ihr ansehen, dass dies ihre letzten Stunden waren. Viele Jahre waren die beiden Frauen Freundinnen gewesen. Was war nun noch zu sagen? Über das Sterben hatten sie wahrscheinlich nie gesprochen. Und jetzt saß die eine da, hielt die Hand der anderen und wollte etwas sagen. Erst schien sie nach Worten zu suchen. Und nach einer Weile fing sie an: „Gott, lass uns dein Heil schauen, auf nichts Vergänglichs trauen, nicht Eitelkeit uns freun. Lass uns einfältig werden und vor dir hier auf Erden wie Kinder fromm und fröhlich sein." Als sie das sagte, klang ihre Stimme erst irgendwie unsicher und suchend. Aber mit jedem Wort wurde sie sicherer – man merkte, wie ihr die Worte Halt gegeben haben. Sie redete noch weiter: „Wollst endlich sonder Grämen aus dieser Welt uns nehmen durch einen sanften Tod; und wenn du uns genommen, lass uns in' Himmel kommen, du unser Herr und unser Gott."

Ich weiß nicht, ob die Sterbende das damals noch gehört hat. Aber wenn Worte sie überhaupt noch erreicht haben, dann diese, denke ich mir. Die Verse kannte sie bestimmt, genau wie ihre Freundin. Und der jedenfalls, der hat das gut getan. Tränen sind ihr über die Wangen gelaufen, aber eigentlich sah sie ganz getröstet aus.

Die Verse übrigens, die sie da gesagt und vielleicht auch gebetet hat, die sind aus dem Lied: „Der Mond ist aufgegangen". Seither weiß ich: Eigentlich ist es gar nicht so schwer, die richtigen Worte zu finden, sie sind schon da.

Von Gott geschickt

Gott schickt Menschen, die in seinem Auftrag Gutes tun. Er schickt Menschen, an denen man sehen kann, wie man zuversichtlich leben kann und helfen, damit die Welt ein bisschen mehr so wird, wie sie sein könnte. Ein bisschen mehr so, wie Gott sie sich gedacht hat.

Dazu schickt Gott Menschen, glauben wir Christen. Das nennen wir Mission. Missio heißt: „ich schicke." Früher war Mission eine Art Einbahnstraße. Missionare aus Europa und Amerika zogen hinaus in alle Welt, bauten Schulen und Krankenstationen und predigten von der Liebe Gottes. Das war gut so und überzeugte viele. Die Missionare zeigten den Menschen auch, wie man als Christ lebt: nämlich möglichst so, wie die Menschen in Europa auch lebten. Etwas anderes konnten viele Missionare sich einfach nicht vorstellen. Aber natürlich: Das war nicht so gut, denn das passte oft nicht recht zu der Kultur und dem Denken der Menschen in Afrika oder Asien.

Aber Mission ist keine Einbahnstraße. Inzwischen funktioniert Mission auch umgekehrt. Bei so einem Fest geht es nämlich bunt zu, da sind die Christen von hier nicht unter sich. Menschen aus aller Welt zeigen, was man tun kann, damit das Leben leichter wird und die Welt besser. Sie verbreiten Zuversicht und Mut und geben damit vielen hier neue Kraft, die mutlos geworden sind. Wo der Glaube seine Kraft verloren hat und das Vertrauen auf Gott irgendwie abgenutzt hat, da stiften Christen aus Afrika oder Südamerika neu an zum Glauben und entsprechendem Tun.

Im Grunde hat schon Jesus selbst gewusst, wie wichtig solche „fremden“ Vorbilder sind. Er hat zum Beispiel die Geschichte von dem barmherzigen Samariter erzählt. Das war ein Mann, der ganz etwas anderes glaubte als die große Mehrheit damals. Man nannte ihn deshalb einen Heiden und verachtete ihn. Aber genau dieser Mann kümmerte sich um einen, der unter die Räuber gefallen war und hilflos auf der Straße lag (Lk 10, 28-37). Die Vertreter der althergebrachten Religion, die waren mit sich selber beschäftigt. Die waren vorbei gegangen. Der Samariter, der hat dem Verletzten geholfen, nicht das Vertrauen in Gott und die Welt zu verlieren. Es hat mit seinem Verhalten die Welt ein bisschen besser gemacht. Für den Verletzten war er von Gott geschickt. Ein Missionar gewissermaßen, ein von Gott geschickter – damit andere auf Gott vertrauen können, der ihn geschickt hat.

Namenlose Frauen

Überall werden die Namen der Männer genannt, die für die Evangelische Kirche und ihre Entwicklung wichtig waren. Bei uns in Württemberg sind das zum Beispiel Herzog Ulrich, der die Reformation eingeführt hat, Johannes Brenz, Matthäus Alber, Erhard Schnepf und Ambrosius Blarer, die der evangelischen Kirche eine Ordnung gegeben haben. Lauter wichtige, mutige und glaubensstarke Männer. Später die Pietisten, Philipp Friedrich Hiller, Johann Flattich und Albrecht Bengel, Ludwig Hofacker und Albert Knapp, die den Leuten klar gemacht haben: Es genügt nicht, wenn man eine Kirche hat, eine Ordnung und ein Bekenntnis – man muss mit dem Herzen glauben und dabei sein. Sonst kann einem der Glaube nicht helfen. Noch später die Seelsorger Blumhardt, Vater und Sohn in Bad Boll und Gustav Werner, der Arbeit und ein Zuhause für Arme und Bedürftige geschaffen hat. Gepredigt hat er: „Was nicht nur Tat wird, hat keinen Wert." Und für das 20. Jahrhundert ist man stolz auf den Bischof Theophil Wurm, der den Nazis tapfer widersprochen hat. Anderswo sind die Namen andere. Aber eines ist mir aufgefallen und das ist wohl überall gleich:

Johannes und Matthäus, Erhard und Philipp, Albrecht und Christoph, Ludwig, Gustav und Theophil: lauter Männer! Haben in der Kirche eigentlich nur Männer eine Rolle gespielt? Was haben die Frauen gemacht? Einen bedeutenden Namen hat sich anscheinend keine erworben. Erwerben können, so war das halt noch bis vor wenigen Jahren. Aber hatten sie deshalb auch keine Bedeutung, die namenlosen Frauen? Wie, wenn sie nicht gewesen wären, die Frauen in der Kirche? Sie haben die Theophils und die Johanns, die Albrechts und die Philipps auf die Welt gebracht und groß gezogen. Die Mütter haben ihnen Beten beigebracht und von ihren Müttern haben sie singen gelernt. Von den Müttern haben sie gelernt, den Herrn Jesus zu ehren und den Menschen zu dienen.

Bis heute sind es vor allem die Mütter, die den Glauben weiter geben. Und von Müttern kann man lernen, was selbstlose Liebe und was Barmherzigkeit ist. Selig sind die Barmherzigen, hat Jesus gesagt. Und „barmherzig" ist in seiner Sprache dasselbe Wort wie „Mutterschoß."

Von den Frauen die den bedeutenden Männern der Kirchengeschichte das Vaterunser beigebracht haben, und den weniger bedeutenden auch – von den Frauen weiß man oft nicht mal die Namen. Ich finde, wir müssten öfter auch von diesen Frauen reden. Vielleicht gäbe es ja doch noch Namen und Geschichten zu entdecken.

Heimat geben

Zu Hause lässt die Anspannung nach. Da fühlt man sich sicherer als unterwegs. Wo man fremd ist, fühlt man sich unsicher. Schon im Urlaub ist das so. Je weiter weg, je fremder Umgebung, desto größer die Unsicherheit. Viele Leute schließen extra Versicherungen ab, weil sie sich Sorgen machen, dass im Urlaub etwas passieren könnte.

Wie das wohl den Fremden geht, den Migranten, die bei uns leben? Aus verschiedensten Gründen mussten sie ihr Zuhause verlassen. Jetzt leben sie bei uns in der Fremde. Bei vielen sieht man es noch in der zweiten und dritten Generation, an der Hautfarbe oder an den dunklen Haaren, dass sie fremd sind. Wie das wohl ist?

In der Fremde ist man dauernd auf der Hut, weil man sich nicht so gut auskennt. Immer ein bisschen angespannt. So, wie im Urlaub, aber wahrscheinlich noch viel mehr. Vielleicht muss man sich sogar verteidigen, weil man befürchtet, die Einheimischen wollen einen für dumm verkaufen. Wenn man sich fremd fühlt, schottet man sich ab und geht in Verteidigungshaltung, sobald man die Situation nicht überblickt. Ich denke an die Jungen, die ich in der S-Bahn beobachtet habe. Eine Kleinigkeit bloß, ein Wort, das sie nicht verstehen oder das ihnen nicht passt, egal von wem: schon werden sie aggressiv.

Ich glaube deshalb, dass es darauf ankommt, Fremden Heimat zu geben. Dazu muss man abgeben von dem, was da ist, damit die Flüchtlinge und ihre Kinder Platz finden konnten.

Das war und ist nicht immer einfach. Schon die Bibel erzählt von einer Frau, an deren Tür ein Flüchtling klopft. Ein Gottesmann war das, der in seiner Heimat verfolgt wurde. Der Mann brauchte zu essen und ein Dach über dem Kopf. Aber die Frau hatte selber kaum etwas, die Zeiten waren schlecht. Das wenige, was sie hatte, würde kaum für sie und ihren Sohn reichen. Trotzdem gab sie dem Fremden von dem wenigen, was sie hatte und nahm ihn bei sich auf.

Da reichte es für alle. Die Bibel sagt sogar: erst da reichte es für alle. Weil sie dem Fremden beheimatet hat, hat Gott ihnen Auskommen gegeben bis die Zeiten besser wurden.

Abgeben: Arbeitsplätze und Ausbildung, vielerlei Extraförderung für die Migranten. Ich glaube, da wird schon eine ganze Menge getan in unserem Land. Was manchmal fehlt ist vielleicht das andere: dass wir den Fremden das Gefühl geben: Ihr könnt zu Hause sein bei uns. Ihr müsst nicht misstrauisch sein, so wie wir es manchmal im Urlaub sind. Ihr seid hier zu Hause und könnt euch auf uns verlassen. Und wir verlassen uns auf euch. Ich glaube, dann könnten wir entspannter miteinander leben. Denn das kann man am besten, wo man zu Hause ist.

In Verbindung bleiben

Im November brennen auf den Friedhöfen die Lichter. Ich finde, das ist ein schöner Brauch. Schade eigentlich, dass es bei uns Evangelischen nicht üblich ist, zu Allerseelen ein Licht auf dem Grab der Verstorbenen anzuzünden.

Auf manchen Gräbern brennen sie den ganzen Winter über. Dann ist es nicht ganz dunkel, da, wo die Toten ruhen. Das ist ein schönes Zeichen für uns Lebende: Die Toten fallen nicht ins Dunkle. Gerade da, wo die Toten sind, ist Licht. Da ist Gott, mit seinem Licht. Da muss man sich nicht fürchten, wie man sich im Dunkeln fürchten würde. Ich glaube nicht, dass das für die Toten wichtig ist, dieses Licht. Aber für uns Lebende ist es wichtig, scheint mir. Jedenfalls für Leute wie mich, die völlige Dunkelheit nicht gut aushalten können.

Ich kenne Mütter, die ihren Kindern, die dort auf dem Friedhof liegen, immer neu so ein Licht anzünden. „Unser Jens hat so unruhig geschlafen, weil er Angst hatte im Dunkeln", hat mir eine Frau erzählt. „Aber wenn wir das Licht auf dem Flur angelassen haben und die Tür zum Kinderzimmer einen Spalt breit offen, dann konnte er ganz ruhig schlafen. Deshalb mache ich ihm jetzt auch so ein Licht an." Ich kann mir gut vorstellen, wie gut das für diese Mutter war. Wenigstens dies konnte sie noch tun für ihr Kind – und ihm nah sein mit ihrem Licht.

Und die Alten, die reden vom ewigen Licht, wenn sie über den Friedhof gehen und denken daran, dass es nicht dunkel bleiben wird über denen, die Angst haben. Das hält ihre Hoffnung lebendig und lässt sie getrost an das denken, was kommt. Manche gehen nur deshalb auf den Friedhof, um dieses Meer von Lichtern zu sehen. Lichter, die an Gottes Ewigkeit erinnern und die doch auch mit den Menschen verbinden, die sie angezündet haben. Die Toten sind nicht allein, dort, wo sie schlafen. Gottes Licht leuchtet ihnen. Und Angehörige denken an sie und trösten sich mit diesem Licht.

So finde ich, ist der Gedanke an den Tod nicht mehr ganz so bedrohlich. Vielleicht kann man das Abendlied von Matthias Claudius auch so verstehen. Die letzte Strophe heißt ja: „So legt euch nun, ihr Brüder, in Gottes Namen nieder, kalt ist der Abendhauch. Verschon uns, Gott, mit Strafen. Und lass uns ruhig schlafen. Und unsern kranken Nachbarn auch." Der Dichter hat da sicher eher die Lebenden gemeint und ihren Schlaf. Aber am Abend kommt es mir so vor, als ob er auch an die Toten gedacht hätte: In Gottes Nähe schlafen sie ruhig. Denn sein Licht leuchtet für sie. Und eines Tages wird es wieder hell werden. Für die Toten. Und für uns Lebende auch.

So gesehen wünsche ich mir beim Gang über den Friedhof manchmal, dass auch mir später jemand so ein Licht anzündet.

3. GUTE WORTE

Nur halb?

„By heart", sagen die Engländer, wenn sie „auswendig" meinen. By heart, das heißt so etwas wie: mit dem Herzen. Wenn man etwas auswendig weiß und auswendig sagen kann, ohne Zettel und Manuskript, einfach so – dann kommt es aus dem Herzen. So ist das wohl gemeint.

Mir scheint, dahinter steckt eine wichtige Erfahrung. Das, was ich mir einpräge oder was sich mir eingeprägt hat – was ich auswendig weiß – das prägt mich. Das ist nicht nur äußerlich, jedenfalls dann nicht, wenn man es sich wirklich eingeprägt hat. Dann vergisst man es nicht mehr. Das macht dann etwas mit mir. Es prägt, oder vielleicht sollte ich besser sagen: es bildet meine Persönlichkeit. Auswendig gelerntes ist Teil der Bildung – denn es bildet mich.

Manchmal ist das gefährlich. Man kann Menschen manipulieren mit dem, was man ihnen einprägt. Gerade die Älteren werden noch wissen, wie das war und mit welchen Liedern man sie geprägt hat. Aber oft ist es auch gut und wichtig, dass man etwas auswendig, by heart weiß. Dann habe ich etwas parat, woran ich mich orientieren kann.

Mir ist das vor ein paar Tagen eingefallen, als ich den Mond gesehen habe. Er war nur halb zu sehen – wie das in dem Abendlied von Matthias Claudius beschrieben wird. Und mir ist eingefallen, was er gedichtet hat: „Und ist doch rund und schön. So sind wohl manche Sachen, die wir getrost belachen, weil unsre Augen sie nicht sehn.“ Und jedes Mal nicke ich mit dem Kopf wenn ichnur den halben Mond sehen kann und denke: „Ist ja wirklich wahr. Wie oft kommt das vor, dass ich nicht richtig sehe, was los ist. Wie gut wäre es, wenn ich rechtzeitig bedenken würde, was da noch ist. Was hinter dem steckt, was mir so merkwürdig halb scheint.“ Manchmal fällt mir dann sogar eine Sache ein, über die ich noch mal nachdenken sollte. Und manchmal fällt mir, wenn ich beinahe schon anfange zu lachen über die halbgaren Vorstellungen eines anderen – manchmal fällt mir dann der Mond ein. Der auch nur halb zu sehen ist. Aber eigentlich ist da viel mehr.

Wie gut, dass ich die Strophe vom Mond, der aufgegangen ist, so gut kenne. By heart. Das hat sich mir eingeprägt. Manchmal geht mir gleich anschließend auch noch die nächste Strophe durch den Kopf, die macht mich richtig demütig. Denn die heißt: „Wir armen Menschenkinder sind eitel arme Sünder und wissen gar nicht viel. Wir spinnen Luftgespinste und suchen viele Künste und kommen weiter von dem Ziel.“

Wenn die Strophe noch mehr Leute im Herzen hätten – vieles ließe sich leichter miteinander besprechen, scheint mir.

Mitten aus dem Leben: die Bibel

Die Familiengeschichten von Abraham und Sarah, von Isaak und Rebekka, von Jakob und Esau stehen ganz am Anfang der Bibel. Vielleicht erinnern Sie sich aus der Kinderkirche oder aus der Schule. Diese beinahe 3000 Jahre alten Geschichten gehören nach einer Umfrage zu den wichtigsten der Bibel.

Ich habe mich gefragt, warum das wohl so ist. Was macht diese uralten Geschichten für Menschen heute wichtig? Ich glaube, das liegt daran, dass sie nicht von Heiligen erzählen, sondern von ganz normalen Menschen. Man muss nicht das Gefühl haben: was da beschrieben wird, das passiert nur ganz besonderen, besonders frommen oder besonders guten Menschen. Nein, da ist von Menschen die Rede, wie Sie und ich es sind. In denen kann man sich wiedererkennen. Die sind weder besonders gute Menschen, noch besonders fiese Typen. In ihren Familien kommt vor, was auch in den besten Familien vorkommen kann, genauso wie in meiner oder Ihrer.

Da ist zum Beispiel Jakob, zweiter Sohn des Viehzüchters und Clanchefs Isaak. Der war nicht zufrieden damit, immer nur die zweite Geige zu spielen in der Familie. Für das sprichwörtlich gewordene Linsengericht nimmt er seinem älteren Bruder das Erstgeburtsrecht ab und verschafft sich dann auch noch den Segen seines alten blinden Vaters. Damit wäre er nun der Chef der Familie. Aber natürlich kann der Ältere sich das nicht gefallen lassen. Jakob muss vor der Wut seines Bruders flüchten. Jetzt hat er alles zerstört, seine Familie, seine Zukunft. Jetzt musste er die Konsequenzen tragen, ist auf der Flucht, nur mit der vagen Hoffnung auf einen fernen Onkel, der ihm vielleicht weiterhelfen würde. Weil er versucht hat, nach oben zu kommen, ist er nun ganz unten gelandet. Aber die Bibel erzählt: Da tut sich über ihm der Himmel auf. Gott selbst stellt eine Leiter an den Himmel und sagt ihm: „Ich werde mit dir gehen und dich beschützen!" Jedenfalls träumt Jakob das. Und als er aufwacht, weiß er: Gott lässt mich nicht im Stich. Auch jetzt nicht. Da kann Jakob weitergehen, kriegt eine neue Chance, findet einen neuen Anfang und kann sich mit Gottes Hilfe am Ende sogar mit seinem Bruder versöhnen.

Für viele Leute gehört diese Geschichte zu den wichtigsten in der Bibel: wahrscheinlich, weil sie so ganz menschlich ist. Eine Geschichte mitten aus dem Leben. Aus ihr kann man Vertrauen lernen: Wenn es mir mal so gehen sollte wie dem Jakob, man weiß ja nie, was kommt – der Himmel wird mir nicht verschlossen bleiben. Gott kann auch über mir den Himmel aufgehen lassen.

Losungen

Ich möchte Ihnen ein Büchlein vorstellen. Es ist in über 50 Sprachen übersetzt und allein die deutsche Ausgabe wird über eine Million Mal verkauft. Und zwar jedes Jahr. Dabei ist das Buch weder neu noch aktuell, sondern fast 300 Jahre alt. Ich rede von den Herrnhuter Losungen. Das ist eine Art Kalender. Für jeden Tag des Jahres gibt es darin einen Bibelspruch aus dem Alten Testament, dazu noch einen aus dem Neuen und einen Liedvers oder ein Gebet.

Die Sprüche und Verse sind so zusammengestellt, dass man ins Nachdenken kommt. Oft erklärt der eine den anderen und hilft zu verstehen, wie das gemeint sein könnte, was da steht. Manchmal aber auch nicht. Dann muss man miteinander reden, damit man es versteht.

Genau dazu wurden sie nämlich erfunden diese Losungen. Am 3. Mai 1728 hat Nikolaus Graf von Zinzendorf den ersten Losungsspruch für seine Gemeinde in Herrnhut in der Oberlausitz ausgegeben. Die Leute sollten darüber nachdenken und miteinander ins Gespräch kommen. Zinzendorf fand es wichtig, dass die Leute miteinander darüber reden, wie sie leben wollen und was Gott ihnen bedeutet. Nur so, meinte er, bleibt der Glaube lebendig. Nur so tragen die Erfahrungen der Bibel einen auch in der Gegenwart und bleiben nicht bloß ein Stück ehrwürdige Vergangenheit.

Von diesem Tag an wurde in Herrnhut jeden Tag so ein Spruch ausgegeben und weitergesagt. Eine Losung eben für den Tag. Die Leute wurden dadurch angeregt miteinander zu sprechen. Und sie haben gemerkt: Gerade wenn wir die Worte verschieden verstehen und einander das mitteilen, dann trennt uns das nicht. Im Gegenteil: Es bereichert mich, wenn ich höre, was der andere denkt und wie man die Dinge auch sehen kann. Damit begann eine Erfolgsgeschichte.

Natürlich darf man so ein Bibelwort nicht wie ein Orakel nehmen oder gar wie eine Prophezeiung für das, was an dem jeweiligen Tag geschieht. So war das auch nie gemeint. Von Anfang an sollten sie ein Anstoß sein, ein Morgengedanke oder Abendgedanke, der zum Gespräch anregt. Ein Impuls zum Nachdenken und zum Reden.

Inzwischen werden die Losungssprüche jedes Jahr neu aus einer Sammlung von 1.800 Bibelversen ausgelost, der zweite wird dann passend dazu ausgesucht. Zum Beispiel für einen Tag: „Bessert euer Leben und euer Tun, so will ich bei euch wohnen an diesem Ort“ (Jer 7, 3) und dazu, damit das nicht so moralisch wird: „Lasst uns lieben, denn Gott hat uns zuerst geliebt“ (1. Joh 4, 19).

Ich wüsste zu gern, was Sie dazu sagen.

Spiritualität

Spiritualität ist modern. Das Buch von Hape Kerkeling über seine Pilgerreise nach Santiago di Compostela war monatelang auf Platz eins der Bestseller-Listen. Inzwischen pilgern zehntausende nach Santiago und Hape Kerkeling entschuldigt sich dafür, dass er diesen Weg der inneren Einkehr zu einer Massenveranstaltung gemacht hat.

Menschen möchten Erfahrungen machen mit sich selbst und mit Gott. Sie hoffen, dadurch einen neuen Zugang zum Glauben zu finden. Nun boomt der Markt der spirituellen Angebote. Es gibt nichts, was es nicht gibt: Pilgern und Meditieren, Schamanismus, Räucherstäbchen und Aromatherapie. Beratung und Ausbildung und Übung zu spirituellem Wachstum.

Ich möchte Ihnen eine Art Hausmittel der Spiritualität empfehlen – altbewährt und wirksam. Unsere Großmütter kannten es schon. Das ist das gute alte Gesangbuch – im Grunde ein Leitfaden der Spiritualität. Es sind natürlich Lieder darin – manches ist fremd und in der Sprache alter Zeit formuliert. Und trotzdem spricht zu den Musikalischen die Melodie. Singen – vor allem gemeinsames Singen – ist ja auch und erst recht eine spirituelle Übung.

Wer von Ihnen in einem Chor singt, der weiß, wie Musik wirkt. Und mit den Liedern des Gesangbuchs habe ich eine sehr persönliche Erfahrung gemacht, als ich über Jahre meine alte und demente Mutter im Altersheim besucht habe. Im Laufe der Zeit hat sie fast nichts mehr erreicht. Sie konnte kaum noch einen zusammenhängenden Satz sagen. Und sie schien ganz verzweifelt über ihren Zustand. Aber wenn ich ihr vorgesungen habe – Lieder aus dem Gesangbuch – dann fing sie sehr bald an mitzusingen. Zusammenhängend und immer kräftiger und klarer. Und wenn ich nach der 3. Strophe nicht mehr weiter wusste, dann war sie noch lange nicht am Ende. Und irgendwie war ihr anscheinend die Welt für einen Moment vertraut und sie fühlte sich sicher und getröstet.

Aber nicht nur zum Singen ist das Gesangbuch oder das Gotteslob gut. Es enthält auch ein paar wichtige biblische Texte, Gedichte und Sinnsprüche für alle Gelegenheiten, Gebete, Bekenntnisse. Ich kann Ihnen nur Mut machen, sich eines zu kaufen und darin zu blättern. Wahrscheinlich werden Sie staunen, was Sie alles darin finden. Und vor allem auch: Verschenken Sie es, dieses altbewährte Hausmittel der Spiritualität. Ich bin sicher, dass es den Beschenkten damit geht, wie mit anderen Hausmitteln auch. Erst lächelt man ein bisschen darüber. Aber mit der Zeit merkt man, was für einen Schatz man da hat.

Spitzenreiter in Zuversicht

Wenn es eine Hitparade der Kirchenlieder gäbe – welches wäre Ihr Spitzenreiter? Das hat eine Kirchenzeitung ihre Leser gefragt und dabei kam heraus: „Befiehl du deine Wege“ (EG 361) steht an der ersten Stelle der Kirchenlieder-Hitparade, jedenfalls unter evangelischen Christen.

Erst hat mich das gewundert. Die Melodie von „Befiehl du deine Wege“ ist ein bisschen traurig und überhaupt erinnert mich das Lied an die vielen Beerdigungen, auf denen ich das schon gesungen habe. Aber dann habe ich im Gesangbuch noch mal den Text nachgelesen, ich kann natürlich längst nicht alle Strophen auswendig. Und jetzt begreife ich, warum das für viele Leute ein so wichtiges Lied ist, glaube ich.

„Befiehl du deine Wege“ ist ein Lied, das einem Worte gibt, wenn man eigentlich nicht weiß, was man sagen soll. In diesem Lied erinnert ein Mensch sich selber an seine guten Erfahrungen. Die können einem ja leicht in Vergessenheit geraten, wenn man erst mal auf die dunkle Seite des Lebens geraten ist. Keiner wusste das besser als Paul Gerhardt, der dieses Lied gedichtet hat. Er hat den dreißigjährigen Krieg erlebt und viel Schlimmes erlitten und mit ansehen müssen. Aber er hat gewusst, dass das nicht alles ist. Er hat das Gute nicht vergessen, das er auch erlebt hat. Er hat sich erinnert, wie Gott ihm beigestanden hat und ihm geholfen hat, wieder ins Leben hinein zu finden. Deshalb erinnert er in seinem Lied sich und andere: „Befiehl du deine Wege und was dein Herze kränkt, der allertreusten Pflege, des, der den Himmel lenkt. Der Wolken Luft und Winden gibt Wege, Lauf und Bahn, der wird auch Wege finden, da dein Fuß gehen kann."

Es gibt Situationen, da verschlägt einem das Leben die Sprache. Dann braucht man jemanden, der das auch schon erlebt hat. Einen anderen Menschen, der einem von seinen Erfahrungen abgibt. Und weil kaum einer in solcher Situation die richtigen Worte findet, deshalb ist es gut, wenn man dann so ein Lied hat. Paul Gerhardt leiht einem darin seine Erfahrungen und sein Gottvertrauen. Ihm kann man sich anschließen und mit seinen Worten sagen und singen. „Mach End, o Herr, mach Ende, mit aller unserer Not; stärk unsere Füß und Hände und lass bis in den Tod, uns allzeit deiner Pflege und Treu befohlen sein. So gehen unsre Wege gewiss zum Himmel ein." Ich glaube, ich begreife, warum solche Verse zum Spitzenreiter der Kirchenlieder-Hitparade geworden sind.

Das Vaterunser

Das Vaterunser ist das wichtigste Gebet für Christen. Das hat eine Umfrage des Evangelischen Gemeindeblatts für Württemberg ergeben. Und das hätte man sich wahrscheinlich auch vorher schon denken können. Immerhin hat Jesus Christus selbst seinen Nachfolgern die Worte des Vaterunsers gegeben und empfohlen, so zu beten.

Das ganze Leben steckt drin in diesem Gebet: Die Ehrfurcht vor Gott, die mich davon abhält, zu meinen, dass die ganze Welt mir gehört und für mich und meine Bedürfnisse da ist. Deshalb heißt es: Geheiligt werde dein Name. Dein Reich komme, beten wir und halten damit fest, dass die Welt anders sein könnte und anders werden wird: so, wie Gott sie haben will und wie sie gut ist für alle Menschen. Das Vaterunser erinnert an den Weg, auf dem die Welt besser werden kann: Wenn wir barmherzig sind miteinander, wenn es gerecht zugeht auf der Welt und die Menschen deshalb Frieden halten können. Dafür beten wir: Dein Wille geschehe, wie im Himmel, so auf Erden.

Das Vaterunser bittet dann um das, was man zum Leben braucht: Unser täglich Brot gib uns heute. Wer so betet, begreift, dass es nicht nur um mein Brot und mein Auskommen geht, sondern um unser tägliches Brot, weil wir nur in Frieden leben können, wenn alle Brot und Auskommen haben.

Aber immer wieder versuchen Menschen es anders. Ich auch. Immer wieder versuchen wir, das Beste für uns selber herauszuholen und fragen nicht, was das dann für die anderen bedeutet. Und oft richten wir schlimmen Schaden an mit unserem Eigennutz: Schaden an der Umwelt, wir tun Menschen weh, die uns nahe stehen, und kümmern uns nicht um die, die weit weg leben, aber unter unserem Verhalten leiden müssen. Manchmal kann man wenigstens umkehren und es besser machen. Manchmal ist es zu spät und man kann nichts mehr wieder gut machen. Vergib uns unsere Schuld: hat Jesus seine Nachfolger deshalb beten gelehrt. Er wusste, wie schwer einen Versäumtes und Verfehltes belasten kann. Und auch das Verhältnis zwischen Menschen soll nicht auf ewig von alter Schuld vergiftet sein. Deshalb geht das Vaterunser weiter: Wie auch wir vergeben unsern Schuldigern.

Führe uns nicht in Versuchung: wie viel leichter wäre manches, wenn die Versuchung nicht wäre und die Hoffnung, dass es schon keiner merken wird, was ich tue. Und erlöse uns von dem Bösen: das wäre der Anfang der guten Welt Gottes, wenn nichts Böses mehr geschehen würde. Dann müsste niemand mehr weinen und keiner mehr Angst haben vor den anderen. Das wäre ein Stück vom Paradies.

Darum betet das Vaterunser. Kein Wunder, dass es als das wichtigste Gebet der Christen gilt. Ich glaube, wer so betet, der wird sich verändern. Der bleibt nicht, wie er ist. Vielleicht sollte man das Vaterunser öfter beten, nicht nur sonntags im Gottesdienst.

4. ERINNERUNGEN NUTZEN

Gute Erfahrungen behalten

Gegen die Dunkelheit hilft es, Licht zu machen. Gegen dunkle Gedanken helfen gute Erinnerungen. Gute Erinnerungen helfen gegen die Mutlosigkeit, die sagt: Es hat doch keinen Sinn.

Ich glaube, das kann man von einer Frau lernen, von der man gar nicht denkt, dass sie je so dunkle Gedanken gehabt hat. Ich denke an Maria, die Mutter von Jesus. Wenn man die Bilder sieht, die sich die Maler von ihr gemacht haben, dann meint man, sie habe immer nur im Licht gelebt. Wie eine Königin, in rot und blau und gold. Die Bibel erzählt aber, dass ihr Leben bestimmt kein Honigschlecken war. Die fragwürdigen Umstände ihrer Schwangerschaft, die Niederkunft ohne jede Hilfe in einem Stall, später dieser Sohn, den sie so oft nicht verstehen konnte. Er behandelte sie schroff, manchmal kam er ihr lieblos vor, um die Familie kümmerte er sich kaum und ab und zu dachte sie: Er bringt sich und uns ins Unglück. Dann wollte sie ihn heimholen, vor sich selbst beschützen. Aber das hatte gar keinen Sinn. Er hat doch gemacht, was er wollte. Ich glaube, dass sie die dunklen Stunden und die dunklen Gedanken ganz gut kannte, diese Maria. Darin war sie eine Frau wie ich auch. Und doch fand sie immer wieder Kraft und Mut.

Nicht nur für sich, auch noch für diesen sonderbaren Sohn und später anscheinend sogar für viele andere, die ihren Beistand brauchten. Sie blieb bei ihrem Sohn, als er sterben musste. Sie weckte in denen die Hoffnung neu, die aufgeben wollten.

Wie sie das geschafft hat? Wie sie das konnte? Ganz am Anfang ihrer Geschichte heißt es in der Bibel: „Maria aber bewahrte alle diese Worte und bewegte sie in ihrem Herzen“ (Lk 2, 19). Vielleicht haben Sie den Satz aus der Weihnachtsgeschichte im Ohr. Maria hatte Erinnerungen. Erinnerungen an gute Worte. An die Hoffnungen vom Anfang. Erinnerungen auch daran, dass sie mit Gottes Hilfe immer einen Weg gefunden hatte. Das machte sie stark. Das half ihr gegen die Mutlosigkeit.

Die Erinnerung an gute Erfahrungen nährt die Hoffnung. Die Erinnerung an glückliche Tage, die mir zeigt: Er ist doch ein wunderbarer Mensch. Die Erinnerung an gute Erfahrungen, die mir zeigt: Damals habe ich es doch auch geschafft und es ist alles gut geworden. Man muss nur anfangen, dann finden sich auch Helfer und dann findet sich Hilfe.

Es ist wahr, Erinnerung kann einen auch traurig machen – genauso, wie es war, wird es nie wieder. Aber dass es gut sein und wieder gut werden kann, das Leben, auch wenn es anders ist als damals – dass Gott mich nicht im Stich lässt, das zeigt die Erinnerung. Und das macht Hoffnung und das macht einen stark. Ich glaube, wir sollten einander helfen, uns zu erinnern.

Erinnern helfen

Wie man sich erinnert und woran – das ist anscheinend eine Typfrage.

Manche erinnern sich nach einiger Zeit nur noch an das Schöne. Früher war alles besser, finden sie dann und die Vergangenheit sehen sie irgendwie weich gezeichnet in mildem Licht. Dagegen scheint die Gegenwart grau und hässlich und schwierig.

Andere erinnern sich vor allem an die schlechten Erfahrungen der Vergangenheit. Mir hat das Leben übel mitgespielt, sagen sie und schauen verbittert auf die Gegenwart und ängstlich in die Zukunft. Wie man sich erinnert und woran – das ist entscheidend dafür, wie man in der Gegenwart lebt.

Gut wäre, wenn man beides zusammen halten kann, die bösen Erfahrungen und die guten. So, wie das anscheinend der Mensch gekonnt hat, der den 23. Psalm gedichtet hat. So, wie er die Vergangenheit erinnert, so sieht er auch die Gegenwart: „Du bereitest vor mir einen Tisch im Angesicht meiner Feinde", sagt er zu Gott und berichtet zugleich den Leuten um sich herum: „Du behandelst mich wie einen König und schenkst mir voll ein!" (Ps 23, 5).

In diesem Erfahrungsbericht ist beides drin: Gutes und Böses. Der Mensch, der da redet, der vergisst die schlimmen Erfahrungen nicht. Was ihm das Leben schwer gemacht hat und wo er sich selber das Leben schwer gemacht hat, das hat er nicht vergessen. Das Leben ist manchmal so. Das hat er nicht vergessen. Aber das andere erinnert er auch. In schwieriger Situation war der Tisch für mich gedeckt, sagt er. Es gab immer auch Stunden, in denen es mir gut gegangen ist. Menschen, die für mich da waren, die mit mir gegessen und getrunken haben. Manche sagen ja sogar: In den schwierigen Situationen, da spürt man besonders, wie gut das tut, wenn man essen und trinken und mit lieben Menschen zusammen sein kann.

„Du deckst mir den Tisch in bedrohlicher Situation, du lässt mich spüren, dass ich dir etwas wert bin, du füllst mir reichlich den Becher." Der Psalmbeter ist Gott dafür dankbar. Trotz allem was schwer war und bedrohlich gab es immer gute Stunden. Ganz viel gutes, intensives Leben mitten im Unheil. Vielleicht da erst recht, weil man es da ganz bewusst spürt. So redet dieser Psalmdichter von seinem Leben.

Sich so zu erinnern – das Böse nicht zu vergessen aber trotz allem auch das Gute sehen – das hilft einem zuversichtlich zu leben. Bloß: das kann man manchmal nicht von selber. Denn wie man sich erinnert, das ist eine Typfrage. Menschen, die sich vor allem an das Schlechte erinnern, die brauchen jemanden, der ihnen dabei hilft. Damit aus der Erinnerung Kraft für die Gegenwart wächst.

Einander Mut machen

Erinnerung ist die Amme der Hoffnung. Ich möchte Ihnen erzählen, warum ich diesen Satz so wichtig und so richtig finde. Warum ich glaube, dass wir sie ganz dringend brauchen, diese Amme der Hoffnung, die Erinnerung. Ich jedenfalls brauche sie, gerade an dunklen Abenden im November.

Eine Amme nährt die Kinder, damit sie wachsen und groß werden können und sich dann selber ernähren. Was klein ist und schwach, braucht eine Amme. Manchmal ist die Hoffnung klein und schwach. Dann sagt man: Es hat doch keinen Sinn, daraus wird nie was. Oder, noch schlimmer: Das hat doch keinen Sinn, die Menschen sind nun mal böse und eigensüchtig – da muss jeder selbst sehen, wie er fertig wird. Mir schenkt auch keiner was. Solche Gedanken können einen völlig mutlos machen – vor allem dann, wenn man merkt: Ich schaffe es nicht allein. Eigentlich brauche ich Hilfe. Viele geben dann auf, weil sie glauben: Mir wird niemand helfen. So ist die Welt.

An solchen Abenden, wenn man so drauf ist – dann braucht man die Erinnerung, die Amme, die die Hoffnung nährt. Die Erinnerung an gute Erfahrungen, die mir zeigt: Damals habe ich es doch auch geschafft und es ist alles gut geworden. Man muss nur anfangen, dann finden sich auch Helfer und dann findet sich Hilfe. Es gibt Menschen, die helfen. Menschen, von denen man es gar nicht erwartet. Und wo sie einander helfen und beistehen, da wird das Leben gut. Da wird es hell. Manchmal braucht es dafür gar nicht so viel.

Es ist wichtig, dass wir einander daran erinnern. Vielleicht noch wichtiger, dass wir solche Erinnerungen an unsere Kinder weiter geben. Damit in ihnen die Hoffnung wachsen kann und sie stark macht.

Deshalb sind Abende, an denen Menschen einander Hoffnung machen, indem sie Erinnerungen wach halten, so wichtig. In vielen Orten sind im November die Martinsumzüge der Kinder. Auf seinem Pferd reitet der Soldat Martin mit Helm und Schwert und Schild dem Laternenumzug der Kinder voraus. Und irgendwo kniet, wie damals vor über tausend Jahren, ein Bettler in seinen Lumpen und Martin hält sein Pferd an und gibt dem frierenden Mann die Hälfte von seinem Mantel. Für die Kinder heute teilt er mit dramatischer Geste das Tuch mit seinem Schwert. Und die Kinder begreifen, dass das gut so ist und dass die Welt ein bisschen heller wird, wo Menschen das so machen. Deshalb tragen sie ihre Laternen durch den Abend. Davon singen ihre Lieder. Mit dem Martinsumzug geben wir ihnen eine Erinnerung weiter. Und in den Kindern wächst die Hoffnung. Wenn wir aufeinander achten und einander beistehen, dann bleibt es nicht dunkel

Sperrmüll

„Wir sind Jäger und Sammler“, hat meine Nachbarin immer gesagt. „Wir heben alles auf.“ „Das sieht man“, hätte ich manchmal gern gesagt. Aber ich habe es lieber gelassen, denn die Nachbarin war ganz stolz auf das, was sich so angesammelt hatte bei ihr. Sie hat selten etwas weggeworfen. „Vielleicht kann man es ja noch mal brauchen.“ Und wirklich – wenn meine Kinder etwas brauchten zum Verkleiden, oder ein altes Handwerkszeug fürs Theaterspielen – bei der Nachbarin haben sie immer was gefunden.

Aber: wenn die Nachbarin etwas Bestimmtes gesucht hat, konnte sie es nicht immer finden auf ihrem vollgestopften Dachboden. In ihrem Hobbykeller konnte man sich kaum mehr bewegen und schon gar nicht herumwerkeln. Und vieles war so verstaubt und verrostet oder so vertrocknet oder porös geworden, dass man es jetzt einfach nicht mehr gebrauchen konnte.

Ich habe von der alten Dame eine Menge gelernt. Erstens, dass es dumm ist, gleich wegzuwerfen, was im Moment nicht mehr gebraucht wird. Man weiß ja nie, wofür es noch gut ist. Und zweitens: Wenn man zuviel aufbewahrt, wird es leicht eng und stickig und manchmal sogar ein bisschen muffig. Man muss ab und zu schauen, ob das noch funktioniert, was man aufhebt. Und wenn nicht: sich davon trennen. Damit einem das unbrauchbar gewordene Zeug nicht das Leben schwer macht.

Ich glaube übrigens, das alles gilt genauso für die Dinge, die man in seinem Kopf aufhebt, für die Erlebnisse, an die man sich erinnert zum Beispiel. Aber es gilt auch für das, was man einmal gelernt hat. Manches kann man irgendwann nicht mehr gebrauchen. Dann engt es einen bloß noch ein und macht einem das Leben schwer. Manche Merksprüche von meiner Mutter zum Beispiel: „Der liebe Gott sieht alles!" oder: „Wenn du nicht aufisst, gibt es morgen schlechtes Wetter!" – die habe ich inzwischen endgültig entsorgt – wenn ich sie auch nicht vergessen kann. Leider gibt es keinen Sperrmüll für störendes Gerümpel im Kopf.

Aber manches ist auch richtig kostbar in den Lagerräumen meines Gehirns. Das will ich keinesfalls vergessen, weil ich es immer wieder einmal gebraucht habe. Merkwürdigerweise ist es auch gar nicht eingestaubt, wenn ich es hervor hole. Zum Beispiel die Strophe aus einem über 300 Jahre alten Lied: „Was helfen uns die schweren Sorgen, was hilft uns unser Weh und Ach? Was hilft es, dass wir alle Morgen beseufzen unser Ungemach. Wir machen unser Kreuz und Leid nur größer durch die Traurigkeit" (EG 369, 2). Die Strophe hebe ich gut auf und wenn ich sie brauche, muss ich sie bloß ein bisschen polieren. Dann glänzt sie wieder und macht mein Leben hell.

Damit es nicht von vorn anfängt

Wehret den Anfängen! Das sagt sich so leicht, wenn etwas in die falsche Richtung geht. Wenn gewalttätige junge Männer die Gegend terrorisieren, wenn im Betrieb jemand rausgemobbt werden soll, wenn immer lauter davon die Rede ist, dass die vielen Ausländer für unser Land nur eine Last sind.

Wehret den Anfängen! Sagen kann man das leicht und mahnend den Zeigefinger heben, wenn man nicht selber betroffen ist. Aber dann wirklich etwas sagen oder sogar etwas tun? Soll ich mir sagen lassen, du hast doch keine Ahnung und würde wohl die Augen verschließen vor der Realität?

Wehret den Anfängen! Das sagt sich leicht. Aber wenn es dann wirklich darauf ankommt, dann sehen die meisten lieber weg. Ich fürchte, ich würde das auch tun. Gerade deshalb möchte ich Sie und mich an Menschen erinnern, die es versucht haben. Die gesagt haben, was sie für falsch gehalten haben und warum. Vielleicht haben sie es nicht laut genug getan. Vielleicht immer noch zu ängstlich. Aber immerhin. Ich denke an die evangelischen Männer und Frauen, die sich im Mai 1934 in Berlin Dahlem zur Bekennenden Kirche zusammen geschlossen haben. Die meisten Christen damals hatten es hingenommen, dass die Nazis auch in der Kirche das Sagen hatten. Dass getaufte Juden aus der Kirche ausgeschlossen wurden. Dass auch in der Kirche Führer und Volk und Rasse über alles andere gingen. In Berlin schlossen sich die zusammen, die da nicht mitmachen wollten.

Aber sie waren zu wenige. Pfarrer wurden verhaftet, einige getötet. Zu viele haben geschwiegen. Martin Niemöller, einer der Führer der Bekennenden Kirche, der jahrelang im Konzentrationslager saß, hat später gesagt, wie das war: „Als die Nazis die Kommunisten holten, habe ich geschwiegen, ich war ja kein Kommunist. Als sie die Gewerkschafter holten, habe ich geschwiegen, ich war ja kein Gewerkschafter. Als sie die Sozialisten einsperrten, habe ich geschwiegen, ich war ja kein Sozialist. Als sie die Juden einsperrten, habe ich geschwiegen, ich war ja kein Jude. Als sie mich holten, gab es keinen mehr, der protestieren konnte."

Wehret den Anfängen! Wenn das nicht gelingt, passiert genau das, was Niemöller erlebt und beschrieben hat. Und es gelingt nur, wenn wir einander dabei nicht allein lassen. Das hat sich zuletzt in München in der S-Bahn gezeigt, als Jugendliche einen Mann totgeschlagen haben, dem niemand geholfen hat. Und eigentlich wissen wir das alle. „Wehret den Anfängen!", ist wichtig. Dabei sollten wir einander nicht allein lassen. Damit die Gewalt uns nicht überrollt. Dazu möge Gott uns helfen.

Glockenschlag

Stört Sie eigentlich das Schlagen der Kirchenglocken? Ich meine nicht das Läuten am Sonntagmorgen zum Gottesdienst oder wenn Hochzeit ist oder Beerdigung. Ich meine den Stundenschlag. Von vielen Kirchtürmen kann man den ja noch hören, zur Viertelstunde, halb, dreiviertel und dann die volle Stunde. Tagsüber und nachts auch. Wie zu den Zeiten, als die Nachtwächter noch gesungen haben: „Hört ihr Herrn und lasst euch sagen, unsre Uhr hat zwölf geschlagen …"

Heute haben die Leute Armbanduhren und Funkwecker. Trotzdem schlagen die Glocken. Und es gibt Leute, die das stört und die sich beschweren. Manche Kirchengemeinden haben deshalb den Glockenschlag in der Nacht abgestellt, andere überlegen, ob sie das tun sollen.

Ich finde das schade, weil ich manchmal nicht gut schlafen kann. Und zwar nicht, weil mich die Glocken stören. Im Gegenteil. Wenn ich schlafe, dann höre ich sie ja nicht. Aber wenn ich nicht schlafen kann, dann bin ich froh, wenn sie mir sagen: die Zeit geht weiter. Irgendwann werde auch ich einschlafen und irgendwann ist auch diese Nacht zu Ende und es wird hell werden. Gott sei Dank.

Andere stören die Glocken. Als ob nicht schon Lärm genug wäre, sagen sie, und außerdem braucht man den Stundenschlag ja gar nicht mehr und mit der Religion haben die Glocken eigentlich überhaupt nichts zu tun. Das ist wahr. Der Glockenschlag hat nichts mit dem Glauben der Christen zu tun. So gesehen haben übrigens auch die Kirchtürme und die Kirchen nichts mit dem Glauben zu tun. Die ersten Christen haben sich in ihren Wohnzimmern versammelt, das ging auch. Und Jesus hat seine Geschichten meistens unter freiem Himmel erzählt.

Aber was wären Städte und Gemeinden ohne ihre Kirchen und Kirchtürme? Mir jedenfalls würde was fehlen ohne die Kirche im Dorf, deren Turm ich schon von weither sehe und weiß: gleich bin ich zu Hause. Für mich als Christin sind die Kirchtürme noch mehr: Eine Erinnerung daran, dass Himmel und Erde miteinander verbunden sind. Dass Gott mitten in der Welt ist, dass er seine Schöpfung nicht sich selbst überlässt und mir sogar einen Platz anbietet, wo ich bei ihm einkehren und Ruhe finden kann.

In der Nacht, wenn man nicht schlafen kann, sind die Kirchtürme nicht zu sehen. Aber dann kann man die Glocken hören. Mich erinnern sie, dass Gott ganz nah ist und dass ich mich deshalb nicht allein fühlen muss. Ich glaube, das hilft mir beim Einschlafen. Es wäre schade, wenn der Glockenschlag abgestellt würde. Oder was meinen Sie?

5. SCHÄTZE, DIE BLEIBEN

Was wirklich kostbar ist

Dass einer auszieht, um die blaue Blume zu suchen, die Wunderblume, die Wünsche erfüllt und weise macht und das Leben gut und schön und dass er sie irgendwann nach allerlei Abenteuern auch findet: davon handeln Märchen.

Aber die Erfahrung, die dahinter steckt, die kennen viele, glaube ich. Das Gefühl, dass ich noch nicht gefunden habe, was ich brauche, um zufrieden zu sein. Dass es mehr geben muss, irgendwas, das mich ganz glücklich macht, damit ich zur Ruhe kommen kann und sagen: So ist es gut. So kann es bleiben.

Wer sich jung genug dafür fühlt, der versucht immer neu, das Richtige zu finden. Die richtige Frau, den richtigen Mann, die richtige Sportart, das richtige Hobby, das richtige Engagement irgendwo in einem Verein oder einer Initiative, vielleicht auch eine berufliche Veränderung, ein Umzug in eine andere Stadt … Irgendwo und irgendwie muss ich doch das finden, was mich zufrieden macht, und wo dann die Suche aufhören kann. Wer den Mut für Veränderungen nicht hat oder sich zu alt fühlt zum Weitersuchen, der wird irgendwann traurig: Ich habe es nicht gefunden. Irgendwas fehlt immer noch, eigentlich bin ich nicht zufrieden mit meinem Leben. Aber jetzt ist es wohl zu spät.

Manchmal denke ich: Man muss es vielleicht bloß erkennen, das, was das Leben gut macht und das Herz ruhig und zufrieden. Jesus hat nämlich auch so eine Geschichte erzählt, von einem Perlenhändler. Sein Leben lang hat er mit Perlen gehandelt, sicher waren viele schöne darunter, trotzdem ging es immer weiter. Mal gingen die Geschäfte gut, denke ich mir, dann hat er gehofft, dass es noch besser gehen könnte. Mal hat er einen Fehlgriff gemacht. Dann war er nicht zufrieden, dann musste er es neu versuchen. Aber eines Tages, erzählt Jesus, fand er eine kostbare Perle – als er die hatte, konnte er aufhören zu handeln. Da hatte er sein Ziel erreicht.

Sicher hat der Mann schon vorher viele schöne Perlen gehabt. Was macht die eine jetzt so besonders für ihn? Jesus sagt, das ist das Himmelreich: Auf einmal sieht man, was das Kostbarste ist im Leben. Auf einmal begreift man, worum es geht. Dass es nicht immer was anderes sein muss, das dann vielleicht immer noch besser, immer schöner, immer größer ist. Es kommt wohl darauf an, wie wir Menschen miteinander leben. Denn darum geht es ja im Himmelreich. Jesus hat das beschrieben: Da sitzen alle an einem Tisch. Die Menschen genießen, was sie haben. Keiner schaut neidisch auf das, was der andere hat und will mehr für sich. Und deshalb reicht es auf einmal für alle. Und für alle ist das Leben gut.

Mittendrin

Mitten im steinigen Acker seines Lebens findet jemand einen Schatz. Und dann tut er das, was jeder tun würde: Er setzt alles daran, diesen Schatz für sich zu sichern, damit er ihn heben und behalten kann. Alles andere gibt er dafür auf. Er braucht das nicht mehr, was ihm vorher so wichtig gewesen ist. Er hat jetzt den Schatz gefunden, der sein Leben reich machen kann und unvergleichlich lebenswert. Wenn er diesen Schatz hat, denkt er, dann wird alles gut sein.

Was könnte das sein, so ein Schatz? Wofür würden Sie alles aufgeben? Was ist für mich ein Schatz, der mich motivieren könnte, alles andere dafür aufzugeben?

Die große Liebe, sagen manche. Wenn ich das Gefühl habe: Mit diesem Menschen kann mein Leben glücklich werden, dann wird mich nichts mehr umpusten, wenn wir nur zusammen halten. Das wäre mir wichtiger als alles andere. Ein berufliches Angebot, sagen andere, die Chance endlich an dem Platz zu arbeiten, von dem ich schon lange geträumt habe. Das ist für mich der Schatz, den ich gern heben würde. Dafür würde ich vieles andere aufgeben. Manche träumen vom Lottogewinn. Wenn ich mir keine Sorgen mehr machen muss, ob das Geld reicht, wenn ich mir alles leisten kann wovon ich träume. Was könnte ich mir mehr wünschen? Und für viele ist es die Gesundheit. Wenn ich nur gesund bleibe, sagen sie. Dagegen ist doch alles andere nicht so wichtig.

Die große Liebe, der Posten, von dem Sie schon lange träumen, der Lottogewinn, eine robuste Gesundheit: Hand aufs Herz, was wäre Ihnen das wert? Wie viel anderes würden sie dafür aufgeben?

Jesus hat die Geschichte von dem Mann erzählt, der einen Schatz findet im Acker seines Lebens und alles andere dafür hergibt. So ist das Himmelreich, sagt er. Der Schatz, der ein Leben wirklich reich macht, ist das Himmelreich. Ich würde mit meinen Worten vielleicht sagen: ein Leben, in dem man sich wohl und zu Hause und geborgen fühlt, weil da Gottes Maßstäbe gelten. Ein Leben, in dem die Menschen freundlich miteinander umgehen und rücksichtsvoll. Wo keiner ausgeschlossen ist und keiner Angst haben muss, dass er zu kurz kommt. Es ist ja alles da! Jeder hat genug zum Leben. Keiner muss voller Gier schauen, dass er nur ja nicht zu kurz kommt. Was für ein Schatz wäre das: so leben zu können.

Und Jesus erinnert mit seiner Geschichte: Ihr könnt so leben. Der Schatz liegt mitten im Acker eures Lebens. Da, wo ihr jetzt gerade an der Arbeit seid. Da, wo es manchmal auch ganz schön steinig ist. Da kann man ihn finden. Einen Schatz zu heben ist anstrengend. Um ihn zu heben, muss man auch etwas einsetzen. Aber es lohnt sich. Auf einmal ist das Himmelreich mitten unter euch.

Mammon

Wer entscheidet eigentlich bei Ihnen in finanziellen Fragen? Sie? – Oder ihr Geld?

Geld kann einen ja ganz merkwürdig in Zugzwang bringen, wenn man ein bisschen was hat. Auf einmal geht es vor allem darum, dass es effektiv angelegt wird, damit es sich vermehrt. Aber merkwürdig: So wird zwar das Geld mehr – aber oft werden die Lebensmöglichkeiten weniger. Ich nenne ein Beispiel: Damit Aktionäre mehr Dividende kriegen, wird Personal abgebaut. Auf der einen Seite wächst so der Reichtum – auf der anderen wird die Armut größer. Man kann es sich angeblich nicht leisten, nach dem Allgemeinwohl zu schauen. Das bringt zu wenig Rendite.

Wer entscheidet bei mir eigentlich in finanziellen Fragen? Ich, oder mein Geld? – „Gott – oder der Mammon?", hat Jesus gefragt. „Ihr könnt nicht Gott dienen und dem Mammon" (Mt 6, 24), hat er gesagt. Zu seiner Zeit waren die Menschen auch nicht anders als heute. Und Jesus hat sie erinnert: Gott will, dass alle Menschen eine Chance zum Leben haben. Dazu könnt und sollt ihr einander helfen. Auch mit eurem Geld. Das Geld, das einer hat, ist ein Lebensmittel. Ein Mittel, damit Menschen leben können. Er selbst, natürlich. Aber andere auch.

Aber wo Menschen sich der Logik des Geldes beugen, da vermehrt sich zwar ihr Geld – aber die Lebensmöglichkeiten werden weniger. Häufig wird die Armseligkeit der Herzen größer, wenn Menschen ihr Geld vermehren, denn auf einmal ist nur noch das wichtig, was etwas bringt. Und wo keine Rendite zu erwarten ist, da investieren die Leute auch kein Geld. Ich denke zum Beispiel an Frauen in Indien. Die brauchen einen kleinen Kredit um sich selbständig zu machen. Sie könnten ihre Kinder mit Näharbeiten durchbringen, wenn sie bloß Geld hätten, um eine Nähmaschine zu kaufen. Aber eine normale Bank gibt ihnen keinen Kredit – mit solchen Kleinkrediten für arme Leute könnten sie ja kein Geschäft machen.

Es gibt aber ein paar Banken, die geben Kredite an solche Projekte. Allerdings können sie ihren Anlegern dann nicht so hohe Renditen zahlen. Aber arme Leute bekommen mit dem Geld der Wohlhabenden eine Chance zum Leben. Ich finde, dass ist eine wirklich lohnende Geldanlage.

Gott will, dass seine Menschen gut leben können. Alle Menschen. Deshalb hat Jesus gewarnt: „Ihr könnt nicht Gott dienen und dem Mammon." Er hat damit bestimmt nicht gemeint, dass wir alle arm bleiben sollen. Aber wir sollen unser Geld im Sinne Gottes so einsetzen, dass es Leben fördert. Und seine Anfrage heißt deshalb: Wer entscheidet eigentlich bei mir in finanziellen Fragen? Ich – Oder mein Geld?

Geldanlagen

Geld ist nicht dazu da, sich zu vermehren. Geld ist dazu da, Gutes zu tun. Das hat Jesus nicht wörtlich so gesagt. Aber ich finde, so kann man eine Geschichte verstehen, die er erzählt hat. Sie geht so:

Ein Bankmanager war in Schwierigkeiten geraten. Man warf ihm vor, er würde nicht genügend Rendite erwirtschaften für den reichen Mann, der ihm sein Kapital zur Verwaltung gegeben hatte. (Lk 16, 1-9) Da gehen dem Banker anscheinend die Augen auf. Er sieht, dass dieser Reiche nie genug kriegen würde. Er sieht, dass er bisher nur diesen Reichen immer noch reicher gemacht hat. Und wie viele andere er dabei mit überhöhten Zinsen ruiniert hatte. Da tut er etwas Unerhörtes. Er erlässt den Gläubigern des reichen Mannes einen Teil ihrer Schulden. Genauer gesagt: er erlässt ihnen Zins und Zinseszins, jedenfalls zum Teil. Kunststück, sagen Sie jetzt vielleicht – das ist ja nicht sein Geld, das er da in den Schornstein schreibt. Vielleicht war es aber doch sein Geld. Neulich hat mir jemand erklärt, es war genau der Eigenanteil, den der Banker von diesen Kapitalgeschäften gekriegt hätte – den erlässt er jetzt den Schuldnern. Er verzichtet also auf seinen Gewinn. Mag sein, dass ihm das nicht allzu schwer gefallen ist. Wahrscheinlich hatte er schon genug verdient. Aber jedenfalls tut er es jetzt. Er gehört nicht zu denen, die nie genug kriegen können. Er verzichtet auf seinen Anteil -- und macht sich damit Freunde.

Jesus, der diese Geschichte erzählt hat, lobt ihn dafür ganz ausdrücklich. Der Mann, sagt er, hat verstanden, was eigentlich wichtig ist. Was man zum Leben braucht: Freunde, auf die man sich verlassen kann.

Ich verstehe: Geld ist dazu da, Menschen miteinander zu verbinden. Nur, wenn man Freunde hat, kann man gut leben. Ich bin nicht Bankerin, ich verwalte nicht das Geld eines reichen Mannes. Was hilft mir dieser Rat Jesu? Ich denke an den Schuldenerlass für die Länder der Dritten Welt, denen der Schuldendienst keinen Raum mehr lässt zum Leben. Ich könnte mit meiner Stimme alle die unterstützen, die sich dafür einsetzen. Ich denke an meine Ersparnisse. Die könnte ich bei einer alternativen Bank anlegen – wo sie weniger Zinsen bringen, aber gemeinnützige Projekte unterstützen und Menschen helfen, die gar kein Geld haben um sich eine Existenz aufzubauen. Ich denke an meine Sparsamkeit und wie ich das Leben mit anderen genießen könnte, wenn ich ein bisschen großzügiger sein könnte und wie uns das verbinden würde.

Von Jesus und seiner merkwürdigen Geschichte lerne ich: Es ist in meinem eigenen Interesse, wenn ich mit meinem Geld Beziehungen schaffe und Lebensmöglichkeiten. Statt bloß das Geld zu vermehren.

Werte

In der Krise ist viel Geld verbrannt worden, heißt es, von den Bankern und ihren Managern. Unglaubliche Werte sind vernichtet worden und man weiß eigentlich nicht recht, ob das schon vorbei ist. Leute haben Angst. Manche Menschen fürchten um ihre Ersparnisse. Ich hatte gehofft, mein Alter ist gesichert, hat mir eine Frau gesagt. Und für meine Enkel sollte doch auch was bleiben. Und jetzt ist das womöglich alles nichts mehr. War vielleicht alles umsonst – all die Jahre umsonst gearbeitet und gespart!

Ich verstehe diese Sorgen. Wenn es mit der Wirtschaft bergab geht, weil nicht mehr investiert und nicht mehr gekauft wird, dann trifft uns das alle. Und am meisten die, die sowieso nur wenig haben. Andererseits versichern uns die Politiker, dass solche Sorgen unnötig und unsere Ersparnisse gesichert seien. Immerhin, denke ich und bin ein bisschen erleichtert. Erleichtert und andererseits erschreckt. Ist das denn wirklich so, wie die Frau sagt: Ein Leben lang umsonst gearbeitet und gelebt, wenn am Ende nichts auf dem Sparkonto ist oder jedenfalls nicht viel?

Das Problem ist ja nicht neu. Ersparnisse, Schätze, die einer sammelt, waren immer gefährdet. Schon Jesus hat gewarnt: „Ihr sollt euch nicht Schätze sammeln auf Erden, wo sie Motten und der Rost fressen und wo die Diebe einbrechen und stehlen.“ Auf Ersparnisse kann man sich jedenfalls nicht verlassen, wollte er wohl damit sagen. Und hat deshalb den Leuten seiner Zeit geraten: „Sammelt euch aber Schätze im Himmel, wo sie weder Motten noch Rost fressen und wo die Diebe nicht einbrechen und stehlen."

Was könnte das sein, so ein Schatz im Himmel, ein Vermögen also, das am Ende Bestand hat und von dem man wirklich leben kann? Ich denke an die Altersvorsorge und daran, wie ich später mal leben möchte. Und plötzlich merke ich: Lieber als jedes Jahr eine teure Kreuzfahrt auf dem Mittelmeer hätte ich eigentlich, dass ich meine Kinder ab und zu besuchen und dort den Enkeln vorlesen kann. Oder ein paar Freunde in der Nachbarschaft, mit denen ich abends einen Schwatz halten kann, die nach mir schauen, wenn es mir nicht gut geht und die sich freuen, wenn ich mal vorbeikomme und Zeit habe. Und wenn ich an die Zukunft meiner Kinder denke, dann scheint mir: wenn sie zu Hause Lebensmut mitgekriegt haben und Selbstvertrauen, wenn sie keine Angst haben, was Neues zu probieren und wissen, dass es Menschen gibt, auf die sie sich verlassen können – dann ist das wahrscheinlich mehr wert als eine hohe Ausbildungsversicherung und ein großes Erbe. Denn damit kommen sie durchs Leben, auch wenn es finanziell nicht so rosig aussieht.

Ein Schatz im Himmel, Werte, denen Gott Bestand gibt und von denen man leben kann. Manchmal denke ich, wir sollten uns mehr darum kümmern. Denn das sind Werte, die können sich nicht beim nächsten Bankenkrach in Luft auflösen.

Freundschaft

„Beim Geld hört die Freundschaft auf!“ – das sagen viele und hüten sich, mit Freunden Geschäfte zu machen. Und manche haben auch schon schmerzhaft erleben müssen, wie wahr das ist. Freundschaften, Familien sogar können auseinander brechen wegen des Geldes. „Beim Geld hört die Freundschaft auf!“

„Macht euch Freunde mit eurem Geld!“ (Lk 16, 9), hat dagegen Jesus den Leuten um sich herum geraten. Er hat von einem Mann erzählt, der den Gläubigern die Hälfte ihrer Schulden erlässt, weil sie nicht zahlen können. Jesus lobt den Mann ausdrücklich und ganz nüchtern: Er hat sich Freunde gemacht mit dem Geld, sagt Jesus. Wenn er sie einmal braucht, werden sie auch für ihn da sein. Und Jesus fordert seine Zuhörer auf: „Macht euch Freunde mit eurem Geld.“

Nun kann man sich mit Geld natürlich Freunde kaufen. Kinder versuchen das manchmal, indem sie in der Schule Gummibärchen und Schokoriegel verteilen. Solche Freunde sind ganz schnell weg, wenn es nichts mehr abzustauben gibt. Denn Freunde kann man sich vielleicht kaufen – ihre Freundschaft aber nicht wirklich. Manchmal müssen auch Erwachsene solche Erfahrungen machen.

Ich glaube nicht, dass Jesus seinen Rat so gemeint hat. Ich verstehe ihn anders. Ich verstehe: Du kannst anderen zeigen, dass Du es gut mit ihnen meinst. Dass

Du sie achtest und ihnen vertraust. Du kannst ihnen zeigen, dass Du ihr Freund bist – z.B. wenn es nötig ist, mit Deinem Geld. Es geht in seiner Geschichte ja um Menschen, die in finanzielle Not geraten sind. Denen kann man natürlich sagen: selber Schuld. Wer vorsorgt, dem passiert das nicht. Denen kann man auch sagen: beim Geld hört die Freundschaft auf. Aber wer Geld hat, kann eben auch helfen, dass der andere aus seiner Notlage wieder heraus kommt und dann, hoffentlich, selber für sich sorgen kann.

Im großen, weltweiten Maßstab macht das zum Beispiel die Kampagne „Erlassjahr“: Da setzen sich Menschen dafür ein, dass die Banken den hoch verschuldeten Ländern vor allem in Afrika einen Teil ihrer Schulden erlassen – damit dort Entwicklung und irgendwann vielleicht auch Wohlstand in Gang kommen kann. Wir im verhältnismäßig reichen Europa zeigen damit den Menschen dort in Afrika: wir sind eure Freunde. Wir sind bereit, etwas einzusetzen, damit es euch gut geht. So, denke ich, macht man Menschen zu Freunden.

Macht euch Freunde mit eurem Geld: Man kann das naiv finden, was Jesus gesagt hat. Aber man kann auch fragen: Wie gehe ich eigentlich um mit meinem Geld? Müssen Menschen meinen, dass ich ihnen misstraue und genau rechne, damit ich bloß nicht zu kurz komme? Oder können sie spüren: Die ist meine Freundin, die vertraut mir und meint es gut mit mir?

Geiz

„Geiz ist geil!" – eine Handelskette hat lange mit diesem Slogan geworben. Seither kann man stolz darauf sein, möglichst billig eingekauft zu haben. Früher hat man beim Einkaufen eher etwas verstohlen auf den Preis geschaut. Kaum einer wollte zu denen gehören, die es nötig haben, jeden Pfennig umzudrehen. Das ist jetzt anders. Man kann sich ungeniert freuen über jedes Schnäppchen und den Preis runterhandeln ist vielen ein Vergnügen. Geiz ist geil.

Wenn es den Slogan damals schon gegeben hätte, hätte das vielleicht auch der reiche Bauer gedacht, von dem Jesus folgende Geschichte erzählt hat: „Es war einmal ein reicher Bauer, dessen Felder hatten besonders gut getragen. Nun hatte er nicht genügend Lagerkapazitäten. Da sagte er zu sich selber: Ich will meine Scheunen abbrechen und größere bauen, und dahin will ich mein ganzes Korn und meine Vorräte bringen. Dann will ich zu mir selber sagen: Mein Lieber, du hast große Vorräte für viele Jahre. Nun ruh dich aus, iss und trink und sei guter Dinge. Aber Gott sagte zu ihm: Du Narr – wenn man heute Nacht Dein Leben von dir fordert: wem wird dann gehören, was du aufgehäuft hast?" (Lk 12, 16ff).

Spart an sich selbst und spart an anderen und macht sich und anderen damit das Leben schwer. Aber man weiß eigentlich nicht wofür – er selbst womöglich auch nicht. Denn irgendwie hat er gar nichts von seinem

Reichtum .Das ist Geiz – und eigentlich nicht besonders geil. Denn: Wer Geld anhäuft, das nicht dem Leben dient, der geht am Leben vorbei, sagt mir Jesus mit seiner Geschichte.

Dann gerät alles in Schieflage. Dann haben die einen weit mehr, als sie brauchen und für andere bleibt nichts mehr zum Leben.

Geiz ist geil – aber am Ende zahlt er sich nicht aus. Geiz zerstört Leben und Existenzen. Natürlich ist sparen als Vorsorge für die Zukunft wichtig. Aber Leben wird nur möglich, wo Menschen auch großzügig sein können. Da haben auch die Tante Emma-Läden eine Chance, die nicht mithalten können beim Preiskampf der Großen. Und alle haben was davon wenn der Laden im Dorf bleibt und man sich trifft auf dem Weg zum Einkaufen. Wo Menschen großzügig sein können, zum Beispiel auch mit ihrer Zeit, da wird vieles möglich. Wo ein junger Mann sich Zeit nimmt und die Fußballmannschaft der F-Jugend trainiert und nicht fragt: Was bringt's mir und was kriege ich dafür? – da wächst Leben: üppig und bunt.

Reich

Wer ist in ihren Augen eigentlich reich? Bill Gates, Queen Elisabeth, Michael Schumacher? Oder würden Sie schon die Leute aus dem Prominentenviertel ihres Ortes reich nennen? Und wie ist das mit mir? Könnte man nicht auch von mir sagen: Sie sind reich? Im Grunde kommt es ja immer auf den Maßstab an.

Paulus, der Apostel sagt das jedenfalls den Leuten in Korinth auf den Kopf zu: Ihr seid reich. In der Bibel kann man das nachlesen. Ihr seid reich, denn Christi Armut hat euch reich gemacht (2. Kor 8, 9). Nun waren in der Hafenstadt Korinth aber die meisten Christen einfache Leute, die kaum Geld hatten. Trotzdem zählt Paulus auf: Ihr seid reich – reich im Glauben, reich im Wort, reich in Erkenntnis, im Eifer und in der Liebe. So reich sind sie, die Kaufleute und die Reeder, aber auch und erst recht die Hafenarbeiter, die Sklaven, die armen Leute in Korinth.

Reich sind sie geworden, so meint Paulus das wohl, weil Christus arm gewesen ist. Arm: also einer von ihnen. Deshalb musste jetzt keiner mehr glauben: Gott ist mit seinem Segen bei den Reichen und die Armen, die haben nichts zu erwarten. Gott ist einer von ihnen geworden, Gott selbst kümmert sich um die Armen. Das, meint Paulus, das macht die Korinther reich.

Und er öffnet den armen Korinthern die Augen für ihren Reichtum. Wer immer nur daran denken muss, dass er zu wenig Geld hat – der übersieht ja ganz leicht, was er alles hat an Möglichkeiten und Fähigkeiten. Daran erinnert Paulus die Korinther: Ihr seid reich an Liebe. So könnt ihr anderen Geborgenheit schenken und Wärme. Ihr seid reich im Reden. Ihr findet die Worte, die trösten und aufrichten.

Von Geld allerdings redet Paulus zunächst nicht. Vielleicht, weil er längst weiß, dass Geld einen nicht unbedingt reich macht. Wie einfallslos werden die, die gewöhnt sind, sich auf ihr Geld zu verlassen. Da wird das Geld weniger – auch in unserer Kirche – und keinem fällt mehr etwas ein. Wie viele Arbeitsbereiche werden einfach geschlossen, gestrichen, abgewickelt, weil kein Geld mehr da ist. Hilflos hat uns das Geld gemacht, das fraglos zur Verfügung stand, ideenlos, lieblos, träge. Menschen, die reich sind und gewöhnt, sich auf ihr Geld zu verlassen – die sind oft ganz schön arm dran!

Ohne Moos nix los – es ist wahr: manches geht nicht, wenn man kein Geld hat. Und es ist ungerecht, wenn die einen mehr haben, als sie ausgeben können und anderen bleibt kaum genug zum Leben. Aber: ganz vieles geht trotzdem. Ohne Moos nix los – das ist manchmal auch nur eine bequeme Ausrede wenn mir nichts mehr einfällt. Paulus jedenfalls erinnert uns: Ihr seid reich. Trotz allem. Und vieles ist möglich – auch mit wenig Geld.

6. BETEN

Zu viel Arbeit

„Wie soll ich das bloß schaffen?!" Manchmal denke ich das, wenn ich am Anfang einer Woche auf das schaue, was noch alles kommen wird. Das schaffe ich nie! Und ich denke einerseits an die viele Arbeit und die verschiedenen Aufgaben, die im Lauf der Woche erledigt werden wollen. Ich denke aber auch an die Vorsätze, die ich habe: freundlich bleiben und gelassen, nicht bloß Dienst nach Vorschrift, schauen, dass es den anderen gut geht …

Wie soll ich das bloß schaffen? Manchmal bin ich ganz verzagt und möchte am liebsten alles hinschmeißen. Sollen die anderen doch sehen, wie sie fertig werden. Oder muss ich mich einfach ein bisschen zusammenreißen? Mir noch mehr Mühe geben?

Neulich ist mir in so einer Situation Martin Luther eingefallen. Der hat ja offenbar ungeheuer viel gearbeitet und geleistet. Und er hat gesagt: „Heute habe ich viel zu tun. Deshalb muss ich viel beten."

Aber liebe Frau Pfarrerin, sagen Sie jetzt vielleicht – glauben Sie denn, der liebe Gott erledigt die Arbeit für Sie? Nein, das glaube ich natürlich nicht.

Aber ich habe es probiert. Und Sie werden lachen: es hat geklappt. Ich habe mich einfach erst mal hingesetzt und war ganz still. Ich habe angefangen zu überlegen, was nun alles anliegt und was ich alles schaffen und erledigen muss. Und schon beim Aufzählen habe ich an ein paar Stellen gemerkt: das kann doch gut auch jemand anders machen. Ich muss den bloß fragen. Und bei ein paar Dingen war mir auf einmal klar: das ist gar nicht so dringend – vielleicht ist es überhaupt nicht nötig. Da war schon viel gewonnen. Dann habe ich gesagt: Ich schaffe das nicht allein, Gott. Gib mir deinen Geist. Zeig mir, wie das gehen soll. Gib mir Kraft. Und dann habe ich einfach noch eine Weile ganz still gesessen, tief durchgeatmet und mir einen Kaffee gemacht und ein Stück Schokolade dazu gegessen. Und dann? Dann war die Unruhe weg. Es tut einem gut, wenn man Abstand nimmt und sich den Weg auf den Berg sucht, dann findet man auch die nötigen Schritte leichter.

Ich habe angefangen mit dem Gefühl: jetzt mache ich, was geht. Und was nicht geht, das soll eben nicht sein. Ich habe mich nicht mehr so in der Pflicht gefühlt und nicht mehr so unter Druck. Als ob einer mir eine Last von den Schultern genommen hätte.

Ich glaube, das kann beim Beten passieren. Und übrigens: als ich gefragt habe, haben mir wirklich Leute geholfen und sogar gern. Ich habe eine Frau getroffen, die mir einen wichtigen Rat gegeben hat. Und eine gute Idee hatte ich selber, die vieles einfacher gemacht hat.

„Heute habe ich viel zu tun. Deshalb muss ich viel beten.“ Der gute Luther war gar nicht so dumm!

Gebete muss man kennen

„Sei's wie es will – Gebete muss man kennen." Das hat der kirgisisch Schriftsteller Tschingis Aitmatow über junge Leute aus seinem Land geschrieben, die keine Gebete mehr kennen. Und er fragt: „Wie werden sie einander begraben? Mit welchen Worten, die Anfang und Ende unseres Seins umfassen, werden sie den Weg eines Menschen ... abschließen?"

Ich verstehe seine Sorge. Auch ich kenne Situationen, da verschlägt es mir einfach die Sprache: Wie ein Kloß sitzt mir die Sorge im Hals oder der Kummer und ich kriege kein Wort mehr heraus. Manchmal schäme ich mich so, dass ich nicht weiß, was ich sagen soll. Und manchmal bin ich sprachlos vor Freude. Und wenn man keine Worte dafür findet – dann bleibt man allein damit, der Kummer wird einem schließlich zu schwer und die Freude vergeht irgendwie.

In solchen Fällen bin ich froh, dass ich die Worte nicht selber finden muss. Ich kann die benutzen, die andere für mich gefunden und gewissermaßen bereitgestellt haben. Ich denke an die Gebete und Lieder, die in der Bibel oder im Gesangbuch aufbewahrt sind. Die muss ich keinem Menschen sagen. Manches kann man zunächst keinem Menschen sagen. Die Worte aus Bibel und Gesangbuch, die kann ich Gott sagen. Und ich weiß dann: Er hat sie schon oft von Menschen gehört, denen es so ging wie mir. Er wird auch mich hören.

Ich kann zu Gott sagen: „Vergib mir meine Schuld." Ich kann bitten: „Dein Heiliger Engel sei mit mir, dass der böse Feind keine Macht an mir finde." Ich kann mich selbst erinnern: „Du führst mich auf rechter Straße um deines Namens willen." Oder jubeln: „Vergiss nicht, was er dir Gutes getan hat!" Manchmal trösten die Worte, weil sie einen erinnern. Manchmal nehmen sie einem wenigstens den Druck: Wenn man Worte findet, dann löst sich der Kloß im Hals.

Ich glaube, Tschingis Aitmatow hat recht, wenn er sagt: „Es sei, wie es sei, Gebete muss man kennen." Die Worte der Christen vor mir sind mir manchmal Hilfe, damit ich herausbringe, worüber ich eigentlich nicht sprechen kann. Und manchmal sind sie wie ein Mantel: Erinnerungen, die mich wärmen und schützen.

Am Krankenbett meiner Mutter habe ich gespürt, wie die Verse und Lieder, die ich einmal von ihr gelernt habe, sie ruhiger gemacht haben. Anderes hat sie nicht mehr verstehen können, hat sie eher aufgeregt: Aber vertraute Verse waren gut für sie. Und ich glaube, das tut fast jedem gut, wenn er hört: „Abend ward, bald kommt die Nacht, schlafen geht die Welt. Denn sie weiß, es ist die Wacht über ihr bestellt. Einer wacht und trägt allein ihre Müh und Plag, der lässt keinen einsam sein, weder Nacht noch Tag. Wenn dein Aug ob meinem wacht. Wenn dein Trost mir frommt, weiß ich, dass auf gute Nacht guter Morgen kommt."

Beten ist nicht komisch

„Beten?“ hat mich eine Frau gefragt, „Ja, das würde ich gern. Früher habe ich oft gebetet, für meine Kinder vor allem, das hat mich beruhigt. Ich habe mich dann nicht mehr so allein gefühlt mit der ganzen Verantwortung. Aber jetzt habe ich das schon so lange nicht mehr getan. Jetzt käme ich mir ganz komisch dabei vor. Schade eigentlich!“

Ich weiß nicht, warum das Beten bei ihr in Vergessenheit geraten ist. Aber ich verstehe gut, wie das dann ist: Wenn man etwas lange nicht mehr getan hat, dann kommt man aus der Übung. Tanzen zum Beispiel: Früher habe ich gern getanzt, auch ganz gut. Dann hatte ich lange keine Gelegenheit mehr. Neulich habe ich es versucht, zusammen mit meiner Tochter. Da kam ich mir ungelenk vor und unbeholfen. Enttäuscht habe ich es gleich wieder gelassen. So ist das mit dem Beten auch, glaube ich. Wenn man aus der Übung gekommen ist, dann geht es irgendwie nicht mehr richtig. Das ist schade, denn manchmal täte es einem gut.

Regelmäßig beten könnte da vielleicht helfen. Das Vaterunser zum Beispiel. Da muss man nicht erst nach Worten suchen. Das sind Worte, ein Gebet, das Jesus selbst den Menschen empfohlen hat. Es wird in jedem christlichen Gottesdienst gebetet. Und ich finde, man kann das auch sonst regelmäßig beten. Am besten zu einer festgesetzten Zeit, wie Zähneputzen und Morgengymnastik. Sonst vergisst man das schnell wieder. Regelmäßig das Vaterunser beten: ich finde, so bleibt man in Übung. Oder, lieber würde ich sagen: so bleibt man im Gespräch. Im Gespräch mit Gott. Und wenn ich etwas auf dem Herzen habe, dann kann ich da anknüpfen und beten.

„Vater unser?“ Hat neulich eine Freundin gesagt: „Ich kann das nicht beten. Vor meinem Vater hatte ich Angst. Der war aufbrausend und unberechenbar. Ein unmöglicher Mann.“ Ich kann mir gut vorstellen, wie das ist. Ich kenne eine ganze Menge unmögliche Väter. Genau wie ich Leute kenne, gerade auch Frauen, die unter ihren unmöglichen Müttern leiden. Aber sind schlechte Erfahrungen ein Grund, nicht mehr „Vater“ zu sagen? Gerade weil auch ich keine besonders guten Erfahrungen habe, habe ich mir immer einen Vater gewünscht. Einen richtigen, einen guten Vater. Einen, wie den, von dem Jesus erzählt hat: der sich freut, wenn man kommt. Der einem keine Vorwürfe macht, sondern überlegt, was man braucht, damit es gut weiter gehen kann. So ein Vater, hat Jesus gesagt, so ein Vater ist Gott. Und so einen Vater brauche ich heute noch. So einen Vater braucht jeder, glaube ich. Noch ein Grund also, „Vater unser“ zu beten.

Beten für Durchschnittschristen

„Beten, das ist nichts für mich. Das ist nur was für Leute mit ganz festem Glauben. So fromm bin ich auch wieder nicht. Ich bin mehr so ein Durchschnittschrist.“ Der Mann, der mir das gesagt hat, ist Religionslehrer. Ich habe, ehrlich gesagt, lange genauso gedacht. Erst muss man mal alle wichtigen Glaubensfragen geklärt haben. Dann kann man beten.

Inzwischen sehe ich das genau umgekehrt. Ich glaube, mit dem Beten fängt der Glaube an. Kinder, die beten, lernen, dass sie sich auf Gott verlassen können. Dass Gott für sie da ist. So wächst der Glaube. Und später werden sie dann sicher auch darüber nachdenken, wie das zu dem passt, was sie um sich herum sehen und hören.

Regelmäßig zu beten hält den Glauben auch bei Erwachsenen wach und lebendig, finde ich. Allein schon die Worte des Vaterunser, jedenfalls dann, wenn man sie nicht nur ganz mechanisch herunterbetet. „Geheiligt werde dein Name“, z.B. Wenn man das regelmäßig betet, kommt man irgendwann auch ins Nachdenken: Ist mir überhaupt noch was heilig? Oder jedenfalls sehr wichtig? Und wovor habe ich Respekt? Ehrfurcht womöglich sogar? Wenn ich Ehrfurcht habe vor Gott, dann kann niemand sonst erwarten, für mich an erster Stelle zu stehen. Das hat dann auch ganz praktische Konsequenzen und ist beileibe nicht nur eine Sache frommer Sonntagsreden.

Die Bibel erzählt zum Beispiel die Geschichte von zwei einfachen Frauen, Schifra und Pua. Hebammen waren sie zur Zeit der Pharaonen in Ägypten. Die erhielten den Befehl, alle männlichen Säuglinge der ausländischen Sklaven bei der Geburt zu töten. Man wollte die Gefangenen auf diese Weise allmählich ausrotten. Aber von den Hebammen heißt es ausdrücklich: „Sie taten nicht, was man ihnen befohlen hatte, denn sie fürchteten Gott!" Sie respektierten Gottes Gebot: Du sollst nicht töten. Damit stand für sie fest, was gut ist und was böse. Darin ließen sie sich von keinem Pharao beirren. Und sie ließen sich auch nicht einschüchtern. Sie ließen die Jungen am Leben und mit beherzten Ausreden kamen sie selber davon. Ihnen war Gott, ihnen waren sein Name und sein Gebot heilig.

„Geheiligt werde dein Name" – diese Zeile aus dem Vaterunser erinnert an diese beiden Frauen und an alle, die wie sie Ehrfurcht haben vor Gott. In allen Jahrhunderten bis heute gab es solche Menschen, die sich nicht beirren ließen. Menschen, die sich an Gott und seinen Geboten orientierten. Und so ernst machten mit ihrem Gebet: „Geheiligt werde dein Name." Und ich denke: wem der Name Gottes heilig ist – der fängt an zu glauben.

Glauben lernen

Kann man glauben lernen? Gewiss kann man das: im Religionsunterricht, in der Kommunionvorbereitung, im Kindergottesdienst, im Konfirmandenunterricht, in Seminaren und Kursen. Da kann man lernen, was alles zum Glauben der Christen gehört: die Geschichten der Bibel, im besten Fall auch ein paar Lieder und Bekenntnisse und Gebete. Was Christen glauben, kann man lernen, wenn man will. Aber kann man auch lernen, zu glauben? Manche möchten lernen, zu glauben. Sie beneiden die, die das können: „Die haben einen Halt und eine Hoffnung", hat mir neulich jemand geschrieben. „Ich habe nichts, woran ich mich halten kann."

Kann man lernen, zu glauben? Ich meine, es hilft, regelmäßig zu beten, gerade dann, wenn der Glaube schwach ist. Beim Beten spricht man aus, was man wünscht, erhofft, braucht. Im Beten spreche ich Gott mein Vertrauen aus. Glauben und Vertrauen ist nach der Bibel dasselbe Wort. So spreche ich im Beten also meinen Glauben aus, auch den schwachen, zaghaften. Und manchmal wird einem durch das Beten dann erst richtig gewiss, was man glauben und hoffen kann.

Deshalb ist es aber auch wichtig, was und wie man betet. Jesus hat das Vaterunser empfohlen. An diesem Gebet kann man glauben lernen, finde ich. Zum Beispiel der zweite Satz: „Dein Reich komme!" Wer das Ernst meint, sagt sich jedes Mal: Die Welt muss nicht bleiben, wie sie ist. Sie kann anders werden. Und wenn mein Leben zu Ende geht oder das Leben eines Menschen, den ich lieb habe: dann ist das Leben noch lange nicht am Ende. Meines nicht und seines nicht. Es gibt noch mehr Leben, bei Gott und mit Gott. Leben in seinem Reich.

Das Reich Gottes – das ist nicht das Paradies. Das ist nicht ein fernes Himmelreich, wo den Gestorbenen Flügel aus dem Nachthemd wachsen. Jesus hat von dem Reich Gottes erzählt: Das ist die Welt, wie Gott sie sich gedacht hat und haben will. Da werden alle an einem Tisch sitzen. Da geht es zu wie bei einem großen Fest. Und alle sind gern gesehen. Da muss keiner aus Kummer weinen. Und keiner vor Schmerzen schreien. So soll die Welt sein, hat Jesus gesagt, und eines Tages wird sie so sein. Wenn ich das Vaterunser bete, erinnere ich mich immer wieder, dass ich das von Gott erhoffen kann. Das stärkt meinen Glauben.

„Dein Reich komme, dein Wille geschehe wie im Himmel so auf Erden“, hat Jesus die Menschen beten gelehrt. Das erinnert mich: Wo Menschen nach seinem Willen leben, da sind Spuren der Welt Gottes zu sehen. Wer betet, stimmt dem zu: das ist meine Hoffnung. Darauf vertraue ich. Wer so betet hat etwas, woran er sich halten kann.

Nicht ohne Folgen

Beten: für eine gute Note in der Klassenarbeit, für die Genesung von schwerer Krankheit, für Frieden in der Welt und Gerechtigkeit – viele Menschen tun das. Manche sind enttäuscht, weil es nicht so kommt, wie sie es erbeten haben. Und manche sagen: das hat doch keinen Sinn. Gott lässt sich nicht bewegen. Es kommt wie es kommt.

Hat es Sinn, zu beten? Muss man Gott sagen, was er tun soll, wie man früher einem Dienstboten gesagt hat, was man von ihm erwartet?

Nein, das muss man offensichtlich nicht. „Gott weiß, was ihr braucht!" hat Jesus gesagt. -- Und bald danach hat er die Menschen beten gelehrt: „Unser täglich Brot gib uns heute!" Und wahrscheinlich darf man ruhig, so wie man es im Konfirmandenunterricht lernt, dazu denken: „alles was not tut für Leib und Leben … Essen und Trinken, Kleider, Schuhe ... Geld, Gut … gute Regierung, gut Wetter, Friede, Gesundheit … gute Freunde, getreue Nachbarn und desgleichen." Um das alles soll ich beten: „Unser täglich Brot gib uns heute", und dabei weiß Gott doch, was ich brauche! Wie passt das zusammen? Will er einfach gebeten werden, ein bisschen ehrenkäsig?

Ich denke mir das so: „Beten ist ein Reden des Herzens mit Gott" – habe ich auch im Konfirmandenunterricht gelernt. Beten also ist ein Gespräch mit Gott. Beten ist also nicht immer nur Fragen und Beauftragen und Wünschen, sondern erst einmal: Zuhören und Antwort geben und zustimmen! Wer betet, sagt dann ungefähr: Du Gott weißt, was gut für mich ist. Darauf verlasse ich mich. Deshalb soll dein Wille geschehen. Du weißt, was ich brauche, damit ich leben kann. Das gib mir bitte.

Tägliches Brot ist allerdings nicht Sicherheit bis in alle Zukunft. Manchmal sieht man nicht über den Tag hinaus. Manchmal weiß man nicht, was werden soll und schon gar nicht wie. Aber Gott weiß, was ich brauche. Darauf kann ich mich verlassen: Er wird es mir geben. Es wird auch morgen gehen – irgendwie. Und oft, wahrscheinlich kennen Sie das auch, oft geht es besser, als ich gedacht hatte.

Gott will, dass jeder das tägliche Brot hat. Es heißt: „Unser täglich Brot" – nicht: „mein täglich Brot". Das tägliche Brot soll jeder haben. Jesus hat gezeigt, dass das möglich ist, wenn Menschen teilen, was da ist. Nicht bloß Brot und Geld, sondern auch Zeit und Kräfte und Ideen und Know-how. Es kann und muss nicht sein, dass die einen alles nehmen, was sie kriegen können und den anderen bleibt dann nichts mehr zum Leben. Dass Beten nicht folgenlos bleiben kann, zeigt sich gerade bei der Bitte ums tägliche Brot. Und schon deshalb ist es gut, dass wir um das tägliche Brot beten.

Erlöse uns von dem Bösen

Die Gebote sind für die Menschen da, hat Jesus mal gesagt – nicht die Menschen für die Gebote. Die Gebote sollen das Leben verlässlicher und damit leichter machen. Deshalb ist auch das Beten ein Gebot. In der Bergpredigt, da wo Jesus Ratschläge gibt, wie das Leben besser und leichter gelingen kann, da sagt er: So sollt ihr beten – und spricht den Jüngern das Vaterunser vor. Das ist ein Gebot.

In der Bergpredigt geht es um Lebensqualität. Das Leben wird besser, wenn Menschen barmherzig miteinander sind, auch die Feinde lieben und sich nicht mit unnötigen Sorgen verrückt machen. Dahinein gehört auch das Beten. Beten dient dem Leben, tut den Menschen gut, deshalb ist es geboten.

Das Beten ist für den Menschen da. Nicht der Mensch für das Beten. Gott braucht unsere Gebete nicht, er weiß, was wir brauchen. Aber Jesus lehrt beten, weil wir Menschen das Beten brauchen. Probieren Sie es mal aus! Beten Sie das Vaterunser, regelmäßig, zu einer bestimmten Tageszeit, wenn sie am meisten Ruhe dazu haben. Im Vaterunser ist alles zusammengefasst, was Menschen zum Leben brauchen. Da ist zusammen gefasst, was gut für mich ist. Wer das regelmäßig ausspricht, der macht sich immer neu klar: das ist wichtig für mich. Das brauche ich. So kann ich besser leben.

„Erlöse uns von dem Bösen!“ Für mich ist das vielleicht der wichtigste Satz im Vaterunser.

Ich weiß ja, dass ich viel verkehrt gemacht habe und wahrscheinlich auch weiterhin manches verkehrt machen werde. Manchmal habe ich mir selbst damit geschadet, manchmal anderen. Manchmal habe ich es aus Dummheit getan, weil ich es nicht besser wusste. Manchmal, weil ich es nicht besser konnte. Und manchmal, weil ich es so wollte und gehofft habe, dass es keiner merkt. Hat vielleicht auch keiner gemerkt. Aber wehgetan hat es irgendwem oder geschadet. Manches kann ich irgendwann wieder in Ordnung bringen – manches ist nicht mehr zu ändern. Und was das Schlimmste ist – bei manchen Dingen befürchte ich, dass ich es wieder so machen würde. Allein komme ich da nicht raus. Aber Gott will nicht, dass das endlos so weiter geht. Er überlässt mich nicht den Konsequenzen meines verkehrten Handelns. Er kann und wird mich erlösen von den Zwängen meiner Persönlichkeit.

Ich muss mich nicht damit abfinden, dass man da sowieso nichts machen kann. Ich brauche nicht dauernd sagen: So bin ich halt. Da kann man nichts machen. Ich muss auch nicht Angst haben, dass ich immer bleiben muss, wie ich bin. Ich kann versuchen mich zu ändern. Und Gott wird mich nicht bei dem behaften, was ich nicht besser gekonnt habe. Er wird mich erlösen. Gott sei Dank!

7. BEHERZT HANDELN

Wenn das Leben sich staut

An Baustellen gibt es leicht einen Stau. Das ist auf der Autobahn so und auch sonst im Leben. Baustellen gibt es, glaube ich, in jedem Leben: Denn mit der Zeit wird auch im Leben manches brüchig und durch die Zeit verschlissen und schadhaft. Irgendwann fangen die Glieder an zu schmerzen und ich weiß: ich sollte mehr auf meine Gesundheit achten. Im Beruf geht es nicht recht weiter, man müsste dringend ein paar Dinge klären. Aber Gespräche sind schwierig und beim letzten Mal war hinterher bloß die Stimmung noch schlechter und nichts hat sich wirklich verändert. Man bleibt stecken. Das Leben staut sich, wo es Baustellen gibt.

Deswegen ist es wichtig, an den Baustellen zu arbeiten, damit irgendwann das Leben ungehindert weiter gehen kann. Und ich glaube, dabei haben wir Gott auf unserer Seite. Wenn ich mich an den Lebenserfahrungen der Bibel orientiere, dann denke ich zum Beispiel an Jeremia, den Propheten. Der hatte reichlich Baustellen in seinem Leben. Aufgaben, denen er sich kaum gewachsen fühlte. Persönliche Enttäuschungen. Ungelöste Fragen. Misserfolge. Manchmal war er so müde, dass er am liebsten sterben wollte. Er hatte keine Lust mehr und keine Kraft für all das, was geklärt und geregelt werden müsste.

Das Leben stand still. Es ging nicht weiter an den Baustellen. Aber Jeremia hat erlebt: Immer wieder haben sich Menschen gefunden, die ihm weiter geholfen haben. Leute, die ihm Mut gemacht haben, wenn schon alles zu spät schien. Später hat dieser Gottesmann Jeremia erzählt und festgehalten: Gott selbst hat mir klar gemacht, dass er bei mir sein wird, dass er mir helfen und mich retten wird (Jer 15, 20), wenn die Widerstände mir über den Kopf wachsen. Und so hat er sich wieder an die Baustellen heran gewagt und versucht, weiter zu kommen, so gut er konnte.

Gott hilft, damit ich dran bleiben kann und am Ende nicht zu viele Baustellen auf einmal mich mutlos machen.

Natürlich kann man nicht alles auf einmal klären und manches braucht Zeit und muss reifen. Aber auch diese Dauerbaustellen darf man nicht aus den Augen verlieren. Manchmal hilft vielleicht nur: Langsam und vorsichtig weiterfahren – wie auf der Autobahn. Denn stehen bleiben und sich ärgern – das geht nicht. Da staut sich das Leben. Und auf einmal geht es dann gar nichts mehr voran.

Vielleicht hilft dabei ein Gebet von Friedrich Christoph Oetinger: Gott, gib mir die Gelassenheit, Dinge hinzunehmen, die ich nicht ändern kann. Gib mir den Mut, Dinge zu ändern, die ich ändern kann. Gib mir die Weisheit, das eine vom anderen zu unterscheiden.

Es kommt doch, wie es soll

„Es kommt doch, wie es soll, da kann man nichts ändern.“ Ich kann bloß abwarten und hinnehmen, was kommt. Oft klingt das ziemlich resigniert. Ich muss mich halt abfinden.

Aber: Wer legt eigentlich fest, was kommen wird? Wer legt denn fest, womit ich mich abfinden muss? Die Sterne, sagen manche und verlassen sich auf ihr Horoskop. Und wenn das schlechte Nachrichten hat, dann werden sie mutlos und ängstlich und trauen sich nichts zu. Kein Wunder, dass dann nichts klappt.

Wer legt fest, was kommen wird? Das Elternhaus womöglich, ob man als Junge oder Mädchen geboren wird, ob die Eltern wohlhabend sind oder arm? Klar, das spielt eine Rolle. „Nur ein Mädchen“, hat man früher gesagt. Und damit war klar, dass für Mädchen viele Dinge von vornherein ausgeschlossen waren. Gott sei Dank denken heute die meisten Menschen anders. Und ob die Eltern arm sind oder reich – das macht natürlich viel aus. Aber dass aus den Kindern reicher Leute was wird und aus den Kindern armer Leute wird nichts, das ist kein Naturgesetz – eher oft ein falsches Sozialgesetz.

Ich glaube, dass Gott darauf schaut, was mit seinen Menschen wird. Das war die Erfahrung, die Menschen mit Jesus gemacht haben. Für den war das Schicksal eines Menschen nicht einfach festgelegt. Der hat nicht gesagt: Die ist ja nur eine Frau. Der hat nicht gesagt: Der ist ein

Ausländer, der hat sowieso keine Chance. Der hat auch nicht gesagt: Der hat seine Chance vertan und jetzt ist halt nichts mehr zu machen. Jesus hat jedem eine Chance gegeben, auch eine zweite und dritte. Diese Erfahrung hat ein früher Christ in dem Satz zusammengefasst: „Gott will, dass allen Menschen geholfen wird" (1. Tim 2, 4). Nichts steht ein für alle mal fest. Schon gar nicht das Unglück, das einer hat.

Sicher, es gibt Dinge, die kann man nicht ändern, manche Krankheiten z.B., Behinderungen, sicher auch die Menschen, mit denen man lebt. Da kann man nichts ändern. Man vergeudet nur seine Kraft, wenn man das versucht. Aber man kann einen neuen Anfang machen und anders und besser mit dem umgehen, was nun einmal nicht zu ändern ist. Auch mit Krankheiten kann man leben, wenn man nicht immer nur auf das schaut, was nicht geht. Dann erst merkt man, was eigentlich möglich ist. Und die Menschen, mit denen man es schwer hat? Vielleicht kann man ja mit ihnen gemeinsam einen Weg finden, wie man besser miteinander auskommen kann? Ich glaube, wir sollten uns nicht festlegen und nicht festlegen lassen. Und schon gar nicht andere festlegen auf das, was passiert und nun so geworden ist. Wir können einander helfen, dass trotzdem etwas Gutes daraus wird. Denn Gott will, dass allen Menschen geholfen wird.

Voller Einsatz

Voller Einsatz bei dem, was man tut: lohnt sich das?

Nur dann kommt was Gutes raus, sagen die einen. Andere raten einem genau das Gegenteil: Halt dich am besten raus, so gut es geht, sagen sie. Du machst dich bloß kaputt und es lohnt sich doch nicht. Wenn es nicht klappt, bist du enttäuscht und noch dazu fix und fertig. Sieh lieber zu, dass du mit möglichst wenig Aufwand durchkommst.

Eine Geschichte aus der Bibel sagt mir: Nein, die haben nicht recht, die so reden. Nur wenn man alles gibt, kann man hinterher auch zufrieden sein. Dann ist es ein Segen, was man erreicht hat.

Ich denke an die merkwürdige Geschichte in der Bibel: von Jakob, den das Leben irgendwie überfällt. Er muss richtig kämpfen, damit er nicht untergeht. Mittendrin gibt es für ihn plötzlich die Chance, Schluss zu machen. Einfach aufhören. Aufgeben. Da kann Jakob noch gar nicht wissen, wie die Sache ausgeht. Kann nicht wissen, ob er es schaffen wird. Ob er gewinnen kann. Aber Jakob gibt nicht auf. Er kämpft weiter. Er tut sich sogar weh dabei. Aber, so erzählt das die Bibel: Es kommt was dabei heraus für ihn. Es ist ein Segen, dass er nicht aufgegeben hat. Auch wenn er am Ende ein bisschen hinkt.

Was Jakob da erlebt hat: das kann man auf viele Situationen übertragen, glaube ich. Schule oder Ausbildung, Beruf oder Liebesbeziehung, politisches Engagement, eine Reise oder die Arbeit im Verein – manchmal ist das alles auch ein Kampf. Manches geht nicht ohne Anstrengung. Und Jakobs Geschichte sagt mir: Es kommt darauf an, sich ganz auf solche Situationen einzulassen. Dann wird sich zeigen, dass ein Segen darin steckt. Und mit vollem Einsatz kann man ihn kriegen. Sogar in Situationen, in denen man damit erst mal gar nicht rechnet. Auf einmal wird es auch an einem langweiligen Arbeitsplatz ganz lebendig, weil die Kollegen merken: so macht die Zusammenarbeit Freude. Oder aus den Besuchen bei der kranken Freundin geht man selbst beschenkt und irgendwie gestärkt nach Hause. Und manchmal wächst man gerade an seinen Misserfolgen.

Natürlich kann man nicht überall vollen Einsatz bringen. Dann wäre man schnell fix und fertig. Manchmal muss man sagen: Nein, hier ich nicht. Darum muss sich nun wirklich ein anderer kümmern. Manchmal muss man auch mit seiner Zeit haushalten. Aber auch, wenn man nur begrenzte Zeit hat, kann ich mich in der Zeit voll einsetzen oder gewissermaßen mit angezogener Handbremse.

Ich lerne von Jakob und seiner Geschichte: Voller Einsatz lohnt sich. Denn wo Menschen sich voll einsetzen, da schenkt Gott seinen Segen.

Bewegung

Unterwegs sein bringt Bewegung. Nicht bloß für die Beine. Mal weggehen aus dem Alltag, unterwegs sein, ohne die anderen, mit denen es dann doch wieder ist wie immer – unterwegs sein bringt Bewegung in eine festgefahrene Situation.

Ich habe das von Jakob, der sich nicht zufrieden geben wollte mit seiner Rolle als jüngerer Sohn im Betrieb des Vaters. Die Bibel erzählt, wie er mit einem raffinierten Plan das Erbe an sich bringt. Das kann natürlich nicht gut gehen, mit großem Krach bricht die Familie auseinander. Was soll jetzt werden?

Solche Geschichten passieren bis heute. Jeder Fall ist anders, natürlich. Aber das Ende ist immer gleich: auf einmal geht es nicht mehr weiter. Und wenn sie die Familie mit „Gewalt" zusammen zu zwingen versuchen würden – das würde irgendwann doch in einer Katastrophe enden.

Deshalb hat Jakob damals wahrscheinlich das einzig Richtige gemacht. Er ist gegangen. Nicht so leichthin: „Ich bin dann mal weg." Er wusste ja gar nicht, ob er je zurück kommen wird. Ob er sein Ziel erreichen wird, einen entfernten Onkel, das war nicht sicher. Trotzdem ist er gegangen. Als ob er es gewusst hätte: nur so kommt Bewegung ins Leben.

Und unterwegs begegnet ihm Gott. Im Traum. Von einer Leiter träumt Jakob, die vom Himmel herunter gelassen wird. Und oben steht Gott und sagt ihm: „Siehe, ich bin mit dir und will dich behüten, wo du hinziehst.“ Da weiß er, dass er weitergehen soll. Er begreift: zurück geht es nicht mehr. Aber wenn ich weitergehe, dann wird Gott bei mir sein und mir beistehen. Dann kann ich vielleicht ein neues Leben aufbauen.

Von mir selber weiß ich: Wenn man stehen bleibt, die verkorkste Situation auszuhalten versucht, dann geht man leicht darin unter. Aber unterwegs kommt Bewegung ins Leben. Jakob hat das erlebt. Allerdings: Planen kann man das nicht. Auch nicht voraussehen, was passieren wird. Man muss abwarten, was sich ergibt. Die Augen offen halten. Für Träume. Für unerwartete Begegnungen. Für ein überraschendes Gespräch. Und das dann auch wirklich ernst nehmen. Als Fingerzeig. Als Ermutigung. Vielleicht als einen Hinweis vom lieben Gott. Und sich dann darauf einlassen wie Jakob. Eine Chance ergreifen, auch wenn am Anfang nicht sicher ist, was daraus wird. Für Jakob haben glückliche Jahre angefangen, als er unterwegs war.

Das kann passieren, wenn man sich aufmacht um für ein paar Tage die Eltern zu besuchen. Oder die Schwester oder einen alten Freund. Oder bei Einkehrtagen in einem Kloster. Bei einer Kur. Oder vielleicht beim Pilgern auf dem Jakobsweg. Der hat zwar nichts mit dem Jakob aus der Bibel zu tun. Aber es bringt einen in Bewegung.

Ungerecht?

Das Leben ist ungerecht. Die einen haben mehr als sie brauchen können und anderen bleibt dann kaum etwas zum Leben. Das ist nicht o.k. und ich verstehe jeden, der sagt: Das ist ungerecht. Oft liegt es an Menschen, daran etwas zu ändern.

Aber manchmal ist es bloß verschieden, was die Menschen haben. Aber sie finden es ungerecht, weil sie auf die anderen schauen und auf das, was die haben.

So wie Lea, deren Geschichte ich Ihnen erzählen möchte. Ihre Geschichte steht in der Bibel und erinnert mich immer wieder daran, wie verschieden Menschen sind. Und wie schwierig es oft ist, die Unterschiede zu akzeptieren.

Lea fühlte sich von Anfang an benachteiligt. Ihre Schwester war hübscher und anscheinend auch liebenswerter als sie. Als die beiden Frauen ins Heiratsalter kamen, wurde sie kurzerhand mit der jüngeren und hübscheren zusammen verheiratet – mit demselben Mann, dem nichts anderes übrig blieb, als sie auch noch zu nehmen. So jedenfalls empfand Lea das, was ihr passiert ist. Zum Glück sind die Sitten heute andere, jedenfalls bei uns in Europa.

Aber dann drehten sich die Verhältnisse anscheinend um: Lea bekam Kinder, Söhne sogar, was damals besonders wichtig war. Und die Schwester hatte jahrelang keine. Jetzt ist Lea die erste in der Familie. So war das damals. Die Frau, die Söhne hatte, war die Hausherrin. Die andere wurde bedauert. Bloß: Lea kann das Positive nicht sehen. Sie sieht nur, was sie nicht haben kann. Dass ihr Mann die andere mehr liebt – jedenfalls meint sie das. In solchen Fragen ist man ja nicht objektiv. Lea sieht nicht, wie reich ihr Leben geworden ist. Wie viele Möglichkeiten sie hat – sie kann das Familienleben gestalten, sie kann entscheiden, wie man in ihrem Hause lebt. Aber Lea, erzählt die Bibel, ist nicht zufrieden. Ihre Gedanken kreisen um das, was die andere hat – und sie nicht.

Ich stelle mir vor, dass sie es dadurch wirklich schwer hat. Und sie macht es sich schwer. Sich selbst und anderen. Wahrscheinlich wird sie sich immer wieder beklagen, so unzufrieden wie sie ist. Wahrscheinlich wird sie vieles verpassen, weil sie keine Freude am Leben hat. Vielleicht spüren es sogar ihre Kinder: Für Mutter sind wir nicht wirklich eine Freude. Seht doch nur, wie traurig sie aussieht.

Ist das nun ungerecht, was Lea passiert ist? Oder dass Rachel, die andere, keine Kinder hat? Ist das ungerecht? Oder sind sie nur verschieden, die beiden Frauen und übersehen und verpassen ihre Möglichkeiten, weil sie nur auf die andere schauen? Was meinen Sie?

Davonlaufen

Davonlaufen scheint manchmal das Einfachste. Weg von der Familie und all dem, was man einander vorzuwerfen hat. Raus aus der Ehe, die ganz anders geworden ist, als ich gehofft hatte. Woanders neu anfangen. Aber oft holt einen dann irgendwann wieder ein, was war. Nach Jahren kann man der Begegnung mit denen nicht mehr ausweichen, die man nicht mehr sehen wollte. Oder die neue Ehe hat auch wieder Probleme, andere vielleicht. Aber eben doch. Dann holt einen die Vergangenheit wieder ein. In der Nacht sind manche besonders anfällig dafür. Im Dunkeln, wenn man nicht schlafen kann. Dann überrollt es einen.

Was kann man tun, damit das aufhört? Was muss geschehen, damit einen die Vergangenheit loslässt und man wirklich neu anfangen kann?

Es gibt eine dramatische Geschichte in der Bibel, die davon erzählt. Es ist die Geschichte Jakobs (1. Mose 32, 25-31), der seinen Bruder um das Erbe betrogen hatte und davon gelaufen war. Nach vielen Jahren hält er es nicht mehr aus. Er bittet den Bruder um eine Begegnung. Und in der Nacht vorher überfällt es ihn. Ich möchte nicht wissen, in wie vielen Nächten davor er das schon erlebt hatte.

Diesmal aber, erzählt die Bibel, in der Nacht vor dem Wiedersehen mit dem Bruder, wird es ein richtiger Kampf. Ein Kampf mit dem, was er so lange nicht wahrhaben wollte, denke ich mir: dass er selbst Schuld ist. Nicht bloß die anderen: die Mutter, die ihn falsch beraten hat. Der Vater, der so stur gewesen war und ungerecht. – Nein. Er selbst hat auch sein Teil an dem, was passiert war. Ich habe nur an mich gedacht. Habe die anderen kaum beachtet. Habe sie ausgenutzt.

Es tut weh, wenn das glasklar vor einem steht: Jetzt, in dieser Nacht, ist Schluss mit den Ausreden. Jakob kann nicht mehr den anderen die Schuld geben. Jakob erkennt sich selbst. Ich bin Jakob! Er muss es sich eingestehen. Jakob heißt: Betrüger. Ich bin der, der seinen Bruder betrogen hat. Eine Beichte in einem einzigen Wort. Jakob ist zum ersten Mal wirklich ehrlich.

Die Bibel erzählt: In dem Moment hat Jakob es geschafft. Der Kampf in der Nacht ist vorbei. Und es hat sich gelohnt: Es ist ein Segen, dass er sich der Vergangenheit gestellt hat. Wie das? Ich denke mir: Wenn man nicht die Augen verschließt vor seinen Schwächen, dann kann man etwas daran ändern. Dann wartet man nicht länger, dass die anderen sich ändern. Dann kann man versuchen, sich selber zu ändern.

Die Bibel erzählt übrigens: Da ging die Sonne auf. Und Jakob weiß plötzlich. Das war Gott selbst, der mich zu diesem Kampf gestellt hat. Für Jakob war das wirklich ein Segen. Jetzt muss er nicht mehr davon laufen.

8. GELASSEN BLEIBEN

Abstand

Man muss Abstand nehmen, damit man Zugang findet. Was so kompliziert klingt, habe ich vor der Tür meiner Sparkassenfiliale gelernt. Da gibt es so eine selbstöffnende Schiebetür. Die funktioniert mit einer Lichtschranke. Und da kommt es auf den richtigen Abstand an. Wenn man zu nah davor steht, geht die Tür nicht auf, da könnte man klopfen noch und noch – die Tür bleibt zu. Und wenn man zu weit weg ist, dann geht sie auch nicht auf.

Ich glaube, das ist mit dem Leben überhaupt so. Wenn ich zu nah dran bin, verliere ich den Blick für das, was ich habe. Wenn man aber mal was anderes gesehen hat, dann kriegt man eine andere Sicht auf das, was einem ganz nah ist. Man lernt wieder zu schätzen, was da ist. Wer mal in anderen Ländern Bahn gefahren ist, der findet unsere geradezu luxuriös, auch wenn manchmal die Klimaanlage im ICE nicht geht. Und ohne die Abwechslung mit Lasagne, Polenta und Paella, die man im Urlaub kennen gelernt hat, gäbe es immer nur Braten mit Nudeln und Salat.

Man muss Abstand nehmen, damit man Zugang findet zur Vielfalt des Lebens. Es wundert mich deshalb nicht, dass die Menschen, von denen die Bibel erzählt, unterwegs sind. Als sich die Menschen in alle Welt zerstreut hatten fängt es damit an, dass Gott selbst zu Abraham sagt: „Geh aus deinem Vaterhaus in ein Land, das ich dir zeigen werde!“ Erst da, in der Fremde, würde er eine neue Perspektive finden. Die Bibel erzählt von Menschen, die gehen müssen, weil sie irgendein Unheil angerichtet haben. Sie erzählt von solchen, die vertrieben werden oder verschleppt. Sie erzählt von Wirtschaftsflüchtlingen. Und manch einer geht, weil es ihm daheim zu langweilig geworden ist. Und immer ist Gott bei denen, die sich auf den Weg machen. Er gibt ihnen neue Möglichkeiten, einen neuen Blick auf die Welt, neue Einsichten und Erfahrungen, die weiter führen.

Ich habe deshalb großen Respekt vor den jungen Leuten, die nach der Schule erst mal für eine Weile fortgehen. Und vor denen, die sich trauen, noch mal alles hinter sich zu lassen und einem Angebot oder einer Hoffnung woanders hin zu folgen.

Wenn man dann zurückkommt, hat man genug Abstand, um die Heimat zu schätzen. Und genug Abstand, um nicht alles so bitter ernst zu nehmen, wie es aussieht, wenn man zu nah dran ist oder zu tief drin steckt. Und wenn jemand in der Fremde bleiben mag, weil er dort ein neues Zuhause gefunden hat: Dann bringt er ganz viel aus der alten Heimat mit. Und das Leben wird reicher, weil man mehr kennen gelernt hat. Gottes Welt bietet mehr als ein Zuhause. Und mit ein bisschen Abstand findet man den Zugang dazu.

Am Wochenende Gelassenheit üben

Und schon ist wieder Wochenende. Manchmal bin ich ganz verblüfft, wie schnell eine Woche vorbei geht. Ich habe eine Menge zu erledigen, wofür in der Woche keine Zeit ist. Es gibt ein paar Dinge, die ich nicht verpassen möchte. Und dann ist da noch die Freundin, die findet, wir sollten wieder mal was zusammen unternehmen. Und die Familie findet, ein richtiges Mittagessen wäre am Wochenende vielleicht auch ganz schön. Hoffentlich klappt das alles! Hoffentlich kriege ich alles auf die Reihe. Wenn ich die Liste vor mir sehe, dann wird manchmal ein Seufzer aus dem Satz: Schon wieder Wochenende! Was für ein Stress! Dabei war das ursprünglich ganz anders gedacht. Der regelmäßige freie Tag, der Sabbat, aus dem das Wochenende sich entwickelt hat, ist aus dem dritten Gebot entstanden: Du sollst den Feiertag heiligen! Der Feiertag, der Sabbat, sollte sich vom Alltag unterscheiden. „Heiligen" heißt, aus dem Gewöhnlichen herausheben. Nach der Erschaffung der Welt hat Gott am siebten Tag ausgeruht, sich gefreut über das, was entstanden war. Und so – deshalb das Gebot – empfiehlt er es auch den Menschen. Sich ausruhen. Nichts tun müssen. Frei sein. Keine To-do-Liste abhaken müssen. Einfach da sein. Das Leben genießen. Der Sabbat – für uns Christen ist daraus der Sonntag geworden – ist so etwas wie die Erinnerung ans Paradies. An die Welt, wie sie sein könnte. Sehr gut. Auch die Armen haben sich an diesem Tag die guten Kleider angezogen, in der Woche gespart, damit es am Sonntag für gutes Essen reicht, für weißes Brot, Braten und vielleicht sogar Wein. Die Freiheit zu tun, was man möchte, nicht was man muss: das sollte der Sabbat ermöglichen. Dass Menschen nicht Sklaven sind, nicht immer nur tun müssen, was man ihnen sagt, sondern frei sind zu tun, was ihnen gut tut. Das ist die Wohltat des Sonntags. Wer den Sonntag so feiert, der spürt, wenigstens für einen Augenblick: alle Menschen sind gleich. Auch ich bin ein Kind Gottes, nicht mehr und nicht weniger als andere. Ich weiß, dass für manche Paare und manche Familien das Wochenende besonders schwierig ist. Es gibt leicht Krach, weil in der freien Zeit natürlich auch Zeit ist zum Streiten. Das ist schade. Vielleicht gelingt es aber doch. Nehmen Sie sich das doch mal vor, für eines der nächsten Wochenenden: Die Freiheit genießen, dass man nichts tun muss. Leben wie im Paradies, wenigstens für einen Tag. Musik hören. Vielleicht auch selbst singen und gute Worte hören – im Gottesdienst am Sonntag zum Beispiel. Überlegen Sie, was sie tun könnten, um sich ans Paradies zu erinnern. Vielleicht finden sie ja andere, die das auch möchten.

Geh' aus

Manchmal geht einem einfach die Kraft aus. Es war so mühsam den ganzen Tag über: Immer wieder dieselben Ermahnungen und dann hat es doch nicht geklappt. Ich dachte, jetzt sind wir fertig – und nun können wir grad' wieder von vorn anfangen, alles war umsonst. Dann ist die Kraft zu Ende, vor allem, weil ich keine Lust mehr habe und keine Freude mehr an der Arbeit. Was kann man dann tun?

Am liebsten würde ich mich an solchen Abenden verkriechen, am besten im Bett, die Decke über den Kopf – oder wenigstens am Fernseher. Ganz egal, was kommt – es lenkt jedenfalls ab vom Alltag und manchmal kann man ja auch wirklich vergessen, was einen so genervt hat. Aber eben nur für eine Weile, dann ist alles wieder da und ich muss ich mich doch wieder aufraffen und sehen, wie ich weiter komme. Das ist und bleibt mühsam.

In einem alten Lied gibt es deshalb einen anderen Ratschlag für solche Situationen. Da heißt es: „Geh aus, mein Herz, und suche Freud ..." Wenn man müde ist und eigentlich gar nichts mehr sehen und hören will – dann gerade nicht sich verkriechen, hocken bleiben in der eigenen Mut- und Lustlosigkeit, sondern: ausgehen. Rausgehen. Schauen, wie schön die Welt ist, zum Beispiel im Frühsommer. Das Lied zählt auf, Strophe für Strophe: die Bäume voller Laub, die Blumen, die Vögel, der Bach rauscht, im Wald kann man Schatten finden. Es gibt so viel zu sehen, zu hören, zu riechen was einem gut tut. Da kann man tief durchatmen, sogar am Abend noch, wenn es noch lange hell ist. Auf einmal sehe ich mehr als den täglichen Kleinkram, der mich manchmal ganz gefangen nimmt. Und mit der Zeit fällt von mir ab, was mich so mutlos gemacht hat. Ist vielleicht doch gar nicht so schlimm, morgen werde ich es noch mal probieren. Vielleicht gibt es ja noch eine andere Möglichkeit. So ein Abendspaziergang kann Wunder wirken.

Ausgehen, rät das alte Kirchenlied, wenn man mutlos geworden ist und sich am liebsten in sich selber verkriechen möchte. Wenn ich ausgehe, treffe ich Menschen, und das belebt mich. Ich rede 10 Minuten mit dem alten Herrn, der jeden Abend zum Friedhof geht. Er freut sich, dass ich bei ihm stehen geblieben bin. Und ich merke, dass ich heute doch noch was Gutes hingekriegt habe. Oder ich treffe die junge Frau, die im Bäckerladen die Abendbrötchen verkauft – aus Spanien kommt sie und ist so fröhlich, dass es immer was zu lachen gibt. Inzwischen kommt sie mir schon ganz vertraut vor.

„Geh aus mein Herz und suche Freud …" Nach einer Umfrage gehört dieses Lied unter evangelischen Christen zu den drei beliebtesten Kirchenliedern. Kein Wunder eigentlich. Dieses Lied tut schon gut, wenn man es singt, Und erst recht, wenn man seinem Rat folgt.

Nachfragen

Es gibt Situationen im Leben, die sind so neu, da verschlägt es einem die Sprache. Manchmal sind sie so erschreckend, dass man erst einmal lospoltert, schimpft und sich aufbläst. Das ist so eine Art vorsorgliche Verteidigung. Aber damit macht man leicht unnötig etwas kaputt.

Besser wäre es, erst mal nachzufragen, damit man versteht, was los ist. Die Bibel erinnert daran, dass sogar Gott erstmal nur Fragen stellt, als die Menschen Unglaubliches getan haben. Sie erinnern sich vielleicht an die Geschichte vom Paradies, die mit dem Apfel. Ganz gleich, was da genau passiert ist. Jedenfalls war es anscheinend unerhört. Das wissen auch die beiden Menschen, Adam und Eva. Sie waren schockiert. Keiner wusste, was jetzt passieren würde. Aus Scham und aus Angst verstecken sie sich. Und Gott? Gott fragt.

„Mensch, wo bist du?" hören Adam und Eva. Da kriechen sie noch tiefer in ihr Versteck. Und das verstehe ich gut. Wenn mir was Schlimmes passiert ist, verstecke ich mich auch erst mal. Ziehe die Decke über den Kopf, will nichts mehr sehen und hören. Aber es ist gut, wenn mich dann einer sucht, wenn jemand nach mir fragt. Denn wenn man sich versteckt hat, weil man Angst hat oder weil man sich schämt – dann denkt man leicht: nach mir fragt sowieso keiner. Es ist doch den anderen egal, wie es mir geht.

Deshalb ist es gut, dass einer nach mir fragt. So wie Gott nach dem Menschen fragt: Adam heißt ja: „Mensch“. Gott fragt nach denen, die sich mit ihrem Kummer vergraben und zurückziehen. Gott fragt nach denen, die sich schämen, weil sie Fehler gemacht haben. Und nach denen, die nicht von dem reden mögen, was ihnen passiert ist und die fast ersticken an ihrer Ratlosigkeit oder an ihrer Wut. Nach denen, die die sonst keinem auffallen, die sich zurückziehen, weil ja sowieso keiner nach ihnen fragt, nach denen fragt Gott. Nach uns allen. Nach ihnen und nach mir.

Wo bist du denn, fragt er. Gott verurteilt nicht. Er stellt niemanden bloß. Er fragt: Wohin bist du denn geraten. Komm doch her zu mir. Du fehlst mir doch. Du gehörst doch zu mir. Wie gut, dass Gott so ruft und fragt. Denn dann kann man aus seinem Versteck heraus kommen, kann sich zeigen, auch wenn man ganz nackt ist und durcheinander vor Entsetzen, und kann sagen: Hier bin ich, Gott. Schau mich an: Ich bin nackt und bloß, ratlos, entsetzt und beschämt. Mach mir Kleider Gott, wie du es damals für Adam und Eva getan hast. Zeig mir, wie ich mich schützen kann. Zeig mir, wie ich mich wärmen kann. Rüste mich aus für den Weg in die Zukunft.

Abwarten

Wenn sich etwas ändern soll, muss man nicht nur beherzt handeln. Manchmal muss man auch warten können. Bei einem Baum zum Beispiel, wenn der nicht trägt. Dann hat es keinen Sinn, den Baum gleich umzuhauen.

Und das gilt ja eigentlich auch für Menschen. Jesus jedenfalls hat eine Geschichte von einem Feigenbaum erzählt – und ich bin sicher, er hat dabei vor allem die Menschen gemeint, die ihm zugehört haben. Die Geschichte geht so:

Ein Mann hatte in seinem Weinberg einen Feigenbaum gepflanzt. Er kam und schaute nach, ob Früchte daran waren – aber er fand keine.

Da hat der Mann zu seinem Weingärtner gesagt: Sieh doch: Seit drei Jahren komme ich schon und schaue nach, ob an diesem Feigenbaum Früchte sind – aber ich finde keine. Jetzt hau ihn um! Wozu soll er den Boden noch weiter auslaugen? Aber der Weingärtner hat geantwortet: Herr, lass ihn noch dieses Jahr stehen. Ich will die Erde um ihn herum noch einmal umgraben und düngen. Vielleicht trägt der Baum im nächsten Jahr doch noch Früchte. Wenn nicht, lass ihn dann umhauen (Lk 13, 6-9).

So hat Jesus das erzählt und ich lerne: Mit den Menschen ist es wie mit den Bäumen. Damit sich ein Mensch ändern kann, braucht man mindestens zwei:

Den, der sich ändern soll und hoffentlich auch will. Der muss sich Mühe geben. Der ist selbst verantwortlich für sein Tun und Verhalten. Der kann nicht sagen: Die Welt ist zu schlecht, die anderen sind schuld, meine Lebensbedingungen lassen mir keine Chance. (Ich gebe zu, für Bäume hinkt hier der Vergleich. Aber Jesus hat ja auch mehr die Leute im Blick als die Bäume). Wer sich ändern will, wird es jedenfalls versuchen.

Aber es ist noch mindestens ein zweiter nötig, damit ein Mensch sich ändern kann. Ein Helfer. Einer, der ihm nicht bloß Zeit gibt, sondern auch gräbt und düngt. Ein Bewährungshelfer gewissermaßen, der ihn unterstützt. Der ihn ermutigt, ihn lobt. Der sich einsetzt. Man braucht jemanden, der Zeit aufwendet, damit sich der andere ändern kann. Der mit ihm lernt. Der ihn begleitet. Der Verabredungen trifft und zeigt: Es ist mir wichtig, dass du das schaffst.

Und wahrscheinlich braucht es noch etwas drittes, damit ein Mensch sich anstrengen kann um sich zu ändern. Aussichten braucht es. Aussichten auf Blüten und Früchte, wie bei dem Feigenbaum, von dem Jesus erzählt hat. Aussichten auf bessere Zeiten. Auf eine bessere Zukunft. Davon haben dann beide was: der Baum und der Gärtner, der abwarten konnte.

Damit es was bringt

„Das hat nun wieder gar nichts gebracht!" Manchmal schaue ich am Abend auf den Tag zurück und bin ganz enttäuscht. Ich habe mir doch wirklich Mühe gegeben. Habe getan, was ich konnte. Meine Arbeit ordentlich gemacht. Meinen Kindern einen Rat gegeben, sogar noch telefoniert, mich für sie erkundigt, damit ich auch wirklich Bescheid weiß. Fürs Abendessen extra eingekauft. Und dann ist zum Essen doch keiner da, mein guter Rat interessiert überhaupt nicht und mit der Arbeit kann ich morgen von vorn anfangen: die Kollegen haben sich die Sache anders überlegt.

Hat alles nichts gebracht. War alles umsonst. Obwohl: Ich glaube, Jesus würde das anders sehen. Der hatte Erfahrung mit solchen Enttäuschungen, glaube ich. Er hat den Leuten vom Reich Gottes erzählt. Von der Welt, die besser ist, von dem Leben, wie Gott es haben will. Wo niemand den anderen einfach an die Wand drückt. Wo alle leben können und keiner zu kurz kommt. Bei den Leuten, die mit ihm lebten, hat das anscheinend auch geklappt. Aber oft hat er auch genau das Gegenteil erlebt. Wie oft hat einer den anderen übers Ohr gehauen. Wie viele sind unter die Räder gekommen, weil andere rücksichtslos einfach weiter gefahren sind. Dass Jesus davon geredet hat, wie es anders gehen könnte, dass er Beispiele gezeigt hat – hat anscheinend alles nichts gebracht.

Aber Jesus hat das anders gesehen. Er hat gesagt: „Mit dem Reich Gottes ist es wie mit dem Sauerteig, den eine Frau nahm und unter drei Maß Mehl mengte, bis er ganz durchsäuert war“ (Mt 13, 33). Ich habe lange nicht gewusst, was Sauerteig eigentlich ist. Dann habe ich mal welchen gesehen: eine klebrige braune Masse ist das. Und wenn man die in den Brotteig tut, dann passiert erst mal gar nichts. Man muss bloß heftig kneten und kriegt lahme Arme davon, wenn man so viel Mehl braucht. Wenn man fertig ist, tun einem die Arme weh und man sieht immer noch nichts. Hat die ganze Arbeit also nichts gebracht? Nein. Man muss bloß über Nacht warten. Dann geht der Teig auf. Und am Morgen kann man wunderbar duftendes Brot backen.

Manchmal erlebe ich jetzt schon, dass das auch sonst im Leben so geht. Auf einmal kommt was zu Tage, was ich selbst schon längst vergessen hatte. Aber andere haben sich daran erinnert, es hat ihnen was bedeutet. Und jetzt haben sie was daraus gemacht. Sie glauben nicht, wie mich das freut.

Und wenn ich mal wieder so enttäuscht bin, weil anscheinend alles nichts gebracht hat, dann will ich versuchen, daran zu denken: vielleicht muss man erst mal abwarten. Wie beim Mehl und dem Sauerteig.

9. CHANCEN DES ALTERS

Vorwärts schauen und aufhören

Aufhören und Abschied nehmen ist schwer, besonders im Alter, wenn man weiß, jetzt ist endgültig Schluss und etwas Neues kann ich auch nicht mehr anfangen. Die Kräfte reichen nicht mehr. Dann fällt das Aufhören schwer und manche schaffen es einfach nicht. Können nicht aufhören und machen sich und manchmal auch den anderen damit das Leben schwer. Denn die Kraft reicht einfach nicht. Nicht zum Weitermachen. Aber eben auch nicht zum Aufhören.

Ich verstehe das. Jemand hat viel Kraft und viel Arbeit reingesteckt in sein Ehrenamt, in seinen Beruf, in seinen Verein. Endlich läuft alles so, wie es gut ist. Dafür habe ich schließlich jahrelang geschuftet, auf vieles verzichtet. Und jetzt soll ich das anderen überlassen, die die Lorbeeren ernten, wo ich beackert habe? Die womöglich alles wieder schleifen lassen und am Ende bleibt nicht viel übrig von dem, was ich aufgebaut habe?? Und es gibt auch noch Baustellen, die nicht fertig sind. Soll ich das anderen überlassen, die gar nicht wissen, worauf es ankommt? Aufhören ist schwer, wenn man zurückschaut auf das, was war.

Die Bibel erzählt von einem, der es gekonnt hat: Mose. Der hat seine Leute viele Jahre angeführt, aus schlimmen Verhältnissen hin zum gelobten Land von Freiheit und Wohlstand. Durch Höhen und Tiefen, mit Erfolgen und durch Durststrecken. Und als sie es endlich fast geschafft haben – da ist Mose alt. Da kann er nicht mehr. Da hört er Gott sagen: Ihr seid fast am Ziel. Aber du wirst nicht mehr hineinkommen in das gelobte Land. Deine Zeit ist zu Ende.

Und Mose? Der hadert nicht und ist nicht enttäuscht. Der wird nicht bitter. Sondern: Er segnet die Jungen, die weiter gehen werden (vgl. 5. Mose 33). Er gibt ihnen gute Worte mit. Seine gesammelten Erfahrungen und seine guten Wünsche. Er lässt sie gehen und lässt sie spüren: er will, dass es uns gut geht. Dafür war er mit uns unterwegs. Und jetzt ist er froh, dass wir es schaffen werden. Mit seinen Ratschlägen, mit seinen guten Worten und seinen Wünschen begleitet er uns. Das wird ihnen weiter helfen.

Wie Mose so gelassen aufhören kann? Weil er nach vorn schaut, anstatt zurück. Er redet nicht von dem, was war und was er geleistet hat. Er schaut auf das, was kommt. Gott selbst zeigt ihm die gute Zukunft für die, die nach ihm kommen. Mose hat sein Teil dazu beigetragen, dass sie das erreichen konnten. Das war seine Aufgabe. Die hat er erfüllt. Er war ein Glied in der Kette. Ein wichtiges. Ohne ihn wären sie nicht da, wo sie jetzt stehen. Das sieht Mose. Und kann zufrieden sein. Er schaut nach vorn – da fällt ihm das Aufhören leicht

Der Mantel

Kennen Sie die Geschichte vom Mantel des Propheten? Sie steht in der Bibel im zweiten Buch der Könige (2. Kön 2).

Die Geschichte handelt von zwei Männern. Elia, der Prophet, war der eine. Er hatte viel erlebt, viel erreicht, viel durchlitten. Jetzt war er alt geworden. Er fühlte, dass er bald sterben würde. Wahrscheinlich machte er sich Sorgen. Was würde nach ihm kommen? Würden die Menschen, für die er bisher gedacht und gesorgt hatte, ihren Weg finden? Anscheinend wollte er solchen Gedanken entgehen, vielleicht überhaupt nichts mehr sehen und hören, was ihm Sorgen machen könnte. Solchen Rückzug gibt es ja häufig bei alten Menschen. Von Elia jedenfalls erzählt die Bibel, dass er sich auf einen weiten Weg macht. Er geht noch einmal zu all den Orten, die ihm wichtig waren. Eigentlich will er allein sein. Alle, die ihn begleiten wollen, schickte er fort. Nur einer lässt sich nicht abschütteln. Elisa, sein Schüler. Der bringt es nicht übers Herz, ihn allein zu lassen. Er geht einfach mit. Reden tun sie nicht mehr viel, als sie da gemeinsam unterwegs sind. Auf der letzten Wegstrecke müssen sie einen Fluss, den Jordan überschreiten. Da nimmt der Prophet Elia seinen Mantel, schlägt mit dem auf das Wasser und sie können trockenen Fußes hinüber. Auf der anderen Seite, erzählt die Bibel, wird Elia von Gott zu sich geholt. In einem feurigen Wagen, was auch immer das bedeuten mag.

Und Elisa, der Schüler, ist jetzt allein. Er muss wieder zurück. Zurück ins Leben. Zurück zu den großen und kleinen Entwicklungen und Problemen und Sorgen. Wie würde das werden? Aber Elia hat etwas zurück gelassen: seinen Mantel. Der Mantel, der ihn gewärmt hat und vor den Sandstürmen geschützt, der Mantel des Propheten – der liegt da. Den hebt Elisa jetzt auf. Mit dem Mantel, den ihm der Prophet zurück gelassen hat, teilt er noch einmal das Wasser – findet zurück in die Welt der Lebenden. Und in Zukunft wird der Mantel ihn wärmen und schützen und ihm Kraft geben.

Die Geschichte vom Mantel des Propheten erinnert mich: Es ist wichtig, dass wir den Kindern etwas hinterlassen, was ihnen zu leben hilft. Etwas, das sie wärmt und schützt. Vielleicht sind das die guten Erfahrungen, die sie mit mir gemacht haben. Vielleicht die Geschichten, die ich ihnen erzählt habe. Vielleicht auch die Kämpfe, die wir ausgefochten haben. Ich hoffe, dass sie das irgendwann aufheben können, wie Elisa den Mantel des Propheten. Dass es sie wärmt und schützt und sie nicht untergehen auf dem Weg ins Leben.

Beweglich bleiben

Wenn man beweglich bleiben will, muss man Gymnastik machen oder Sport treiben. Ich wohne am Ortsrand. Bei trockenem Wetter radeln, joggen und walken Scharen von Menschen an meinem Küchenfenster vorbei. Viele Ältere sind dabei. Die wissen alle: Wer beweglich bleiben will, muss sich bewegen.

Und der Kopf? Das Gehirn? Wie bleibt das beweglich? Der Göttinger Hirnforscher Gerald Hüther sagt: „Das Alter ist nicht entscheidend dafür, wie fit und flexibel das Gehirn ist." Allerdings muss man auch das Gehirn beweglich halten. Sonst bleibt man irgendwann stecken in eingefahrenen Denkbahnen und kann sich auf etwas Neues nicht mehr einstellen. Dann kommt man nicht mehr mit. Dann versteht man am Ende die Welt nicht mehr.

Wie hält man das Gehirn beweglich? Der Hirnforscher sagt: Indem man es bewegt. Aber gerade viele ältere Menschen haben Angst vor zuviel Bewegung für Herz und Hirn. Vielleicht kommt Ihnen das bekannt vor. „Ich will davon nichts hören", sagen ältere Leute manchmal. „Das regt mich zu sehr auf." Und halten sich so Trauer und Besorgnis, aber auch Erwartungen und Hoffnungen und Freude vom Leib. Sie wollen sich nicht aufregen, aber damit halten sie auch das von sich fern was ihren Geist anregt. Sie wollen nichts von dem wissen, was ihr Herz und ihren Geist anrühren und in Bewegung halten könnte. Ich verstehe das. Manchmal möchte ich am liebsten auch nichts hören von den Dingen, die mich beunruhigen. Bloß: so wird das Herz starr und unbeweglich und der Geist auch, sagt der Hirnforscher und rät: Nehmen sie aktiv am Leben teil. Teilen Sie die Sorgen Ihrer Nachbarn, suchen Sie mit nach Lösungen, wenn irgendwas nicht bleiben kann, wie es ist. Lassen Sie sich von den Plänen Ihrer Kinder begeistern, hoffen Sie mit den Enkeln, nehmen Sie an Ihren Enttäuschungen Anteil. Solche Aufregungen, die halten beweglich.

Allerdings, auch das weiß der Hirnforscher: Solche Krisen und Erschütterungen kann ein Mensch nur aushalten (und dabei auch noch sehr alt werden), wenn er auf etwas zurückgreifen kann, was ihm in schwierigen Situationen Kraft gibt und ihn trägt. Zum Beispiel das Vertrauen auf Gott. Auf Gott zu vertrauen macht Mut, sich auf das Leben mit seinen Aufregungen einzulassen. Gut also, dass Gott seinen Menschen verspricht: „Fürchte dich nicht. Ich bin mit dir. Weiche (dem Leben) nicht aus, ich bin dein Gott. Ich stärke dich und ich helfe dir auch" (Jes 41, 10).

Gott selbst ermuntert so uns, seine Menschen, sich aufs Leben einzulassen. Auch wenn's lebhaft zugeht und manchmal ganz schön rauf und runter. Aber das hält beweglich. Vor allem im Herzen und im Kopf.

Weiter sehen

„Jetzt, wo er alt wird, wird er fromm!“, habe ich neulich jemanden über einen anderen sagen hören. Wir hatten uns über den alten Herrn unterhalten, der sonntags in die Kirche geht, seit er im Ruhestand ist und sich in seiner Kirchengemeinde engagiert.

Der das gesagt hat, hat ein bisschen spöttisch dabei geschmunzelt und wohl gemeint: „Jetzt, wo er alt wird, will er sich noch schnell einen Platz im Himmel sichern, deshalb geht er jetzt so fleißig in die Kirche.“ So habe ich schon öfter Leute reden hören und ich finde das nicht o.k.

Denn erstens hat der alte Herr ja vielleicht schon längst darauf gewartet, im Ruhestand endlich Zeit zu haben für seine Mitarbeit in der Gemeinde. Und zweitens: Es könnte ja sein, dass erst ältere Leute merken, dass unser Leben nur ein kleiner Ausschnitt ist aus einer viel größeren Wirklichkeit. Dass die Geschichte Gottes mit seinen Geschöpfen lange vor uns angefangen hat und noch längst nicht zu Ende ist, wenn wir alt werden und schwach und sterben. Das Leben geht weiter. Gottes Welt umfasst mehr als unsere Erde und meine Lebensjahre. Da ist noch viel mehr und es kommt noch mehr. Ich glaube, ältere Leute spüren das mehr als wir jüngeren. Wir sind doch sehr mit dem beschäftigt, was heute ist und morgen sein wird. Da gibt es so viel zu regeln und zu schaffen. Erst wenn man älter ist, sieht man weiter hinaus, scheint mir. Und ich kenne viele alte Leute, denen gibt das Hoffnung und Zuversicht.

So war das auch bei Simeon und Hanna. Zwei alte Leute, von denen die Bibel erzählt, dass sie beinahe ihr ganzes Leben im Gotteshaus, im Tempel verbracht haben. Sie haben Hoffnungen für sich und für die Welt, obwohl sie schon so alt sind. Das macht sie geduldig und gelassen. Und weil sie genau hinschauen, finden sie, was sie erwarten. Sie erkennen in dem kleinen Kind Jesus, das von seinen Eltern in den Tempel gebracht wird, den Messias. Den Gottesmann, der die Welt und die Menschen verändern wird. Sie erkennen: Mit diesem Kind fängt Gott ganz neu an mit seiner Welt. Wie gesagt, alte Leute sehen oft mehr, weil sie mehr erwarten und hoffen können.

Auf einmal, bei dieser eigentlich unscheinbaren Begegnung mit einem Säugling im Tempel begreifen die beiden Alten: Hier fängt die Zukunft Gottes an. Gott gibt seine Welt nicht auf. Und Simeon sagt: „Jetzt kann ich beruhigt gehen. Ich habe gesehen, dass die Welt Gottes Zukunft hat. Dieser Zukunft will ich mich anvertrauen." Simeon und Hanna haben das begriffen, weil sie immer wieder im Haus Gottes genau hingehört und hingesehen haben. Dabei haben sie schließlich Hoffnung gefunden. Den alten Leuten tut das gut. Und ich meine: uns jüngeren auch.

Zurücktreten

Zurücktreten zu können ist die Chance des Älterwerdens. Zurücktreten und die anderen, die Jüngeren machen lassen. Die haben doch auch Ideen und sind interessiert. Die wollen ändern, was nicht so bleiben kann. Die Jüngeren machen lassen, nur noch zuschauen, aber da sein und raten und helfen, wenn ich gefragt werde. Ich stelle mir das wunderbar vor. Oder nicht?

Zugegeben: ich bin noch mittendrin in den Aufgaben und Projekten. Da träumt man gern von Entlastung. Aber wenn es dann so weit ist? Dass es dann ganz anders sein kann, das erlebe ich auch. Und sogar in der Bibel wird so eine Geschichte erzählt. Wie in einem Spiegel kann man da sehen, wie schwer es ist, zurückzutreten. Ich denke an Saul, den in seiner Jugend umjubelten König Israels. Als er älter wird, trauert er den Erfolgen seiner jungen Jahre nach. Und engagiert David, den jungen tapferen Krieger und Musiker an seinen Hof. Der soll ihn aufmuntern, Musik machen gegen seine depressiven Stimmungen. Und Saul muss erleben, wie die Leute jetzt David zujubeln (vgl. 1. Sam 18). Immerhin hatte der gerade eine wichtige Schlacht gewonnen. Er hatte ein Mittel gefunden gegen die Bedrohungen der Gegenwart. Einfach, weil er es ganz neu versucht hat, ganz anders, als Saul es bisher gemacht hatte. Kein Wunder, dass die Menschen ihm zujubeln.

Das klingt bitter. Aber eigentlich ist es doch gut so. Wenn die Zeiten sich ändern und die Sorgen, dann braucht man neue Ideen und neue Rezepte. Dann braucht man junge Leute, die die richtigen Fragen stellen und sich nicht zurückziehen auf die Lösungen von gestern. Die Bibel sagt übrigens ausdrücklich: Gottes Geist war mit dem jungen David. Gott selbst macht ihm Mut, beflügelt ihn. Das wäre für den alten König die Zeit, um zurückzutreten. Eigentlich einleuchtend. Aber Saul will das nicht verstehen. Er sieht nur: da verdrängt mich jemand von meinem Platz. So ein junger Wilder. Der wird wahrscheinlich alles anders machen und am Ende bleibt nichts mehr von dem, wofür ich mich eingesetzt habe.

Saul kann das nicht ertragen. Er will nicht zurücktreten. Er wird böse, unberechenbar. Am Ende von allen gefürchtet. Und beide, der junge und der alte müssen viel Kraft dafür aufwenden, ihren Konflikt zu regeln. Kraft, die an anderer Stelle so dringend gebraucht würde.

So sehe ich Sauls Geschichte. Ein bisschen sehe ich auch mich, wie in einem Spiegel. Und ich nehme mir vor, rechtzeitig zurückzutreten. Darauf zu vertrauen, dass Gott anderen die richtigen Fragen und Ideen geben wird. Damit sie für neue Fragen neue Antworten finden können. Hoffentlich merke ich, wenn es soweit ist.

Erzählungen

Manchen alten Leuten höre ich gern zu und bin froh, dass ich sie getroffen habe. Und manchmal mag ich nicht hören, was mir jemand erzählen möchte. Ich glaube, das geht nicht nur mir so. Ich kenne viele, die sagen: Ich kann es nicht mehr hören, was die Alten erzählen. Dabei meinen es die alten Leute doch eigentlich gut, wenn sie von früher erzählen. Sie möchten ja, dass wir jüngeren von ihren Erfahrungen lernen und profitieren. Und müssen doch oft genug hören: „Jetzt lass mich endlich mit früher in Ruhe. Heute ist heute und heute ist die Welt anders."

Wie kommt das, dass ich manchen gern und anderen ganz ungern zuhöre?

Nicht so gern höre ich die, die mir immer bloß erzählen, wie schwer sie es hatten. Was sie alles aushalten mussten, was sie geleistet und geschafft haben – davon höre ich nicht so gern. Oder jedenfalls nicht ausschließlich.

Ich verstehe, dass sich die alten Leute manches von der Seele reden müssen. Und dass sie manchmal jemanden brauchen, der einfach zuhört. Aber ich merke auch: Solches Erzählen schafft Abstand. Ich höre eigentlich nur raus, dass mein Leben ja nichts ist im Vergleich zu dem, was sie erlebt haben. Und dass es sehr fraglich ist, ob ich das schaffen könnte, was sie geschafft haben. Ich verstehe jeden, der das nicht immerzu hören will.

In der Bibel gibt es ein Gebet für Ältere (Ps 71). Darin findet sich ein Rat für die, die möchten, dass die Jungen von ihren Erfahrungen lernen. Da blickt auch einer auf sein Leben zurück und erzählt. Er erzählt auch, dass manches schwer war. Aber er redet nicht davon, was er alles ausgehalten und geschafft und geleistet hat. Das wissen die anderen wahrscheinlich ja oder können sich's denken, wenn sie hören, wie es ihm gegangen ist. Der Mensch, der in diesem Psalm sein Leben bedenkt und erzählt, der redet davon, wie Gott ihm immer wieder geholfen hat. „Schlimme Zeiten habe ich gesehen", sagt er, „doch immer wieder schenkst Du, Gott, mir das Leben und rettest mich vor dem sicheren Grab. Immer wieder tröstest du mich und machst es besser, als es vorher war" (Ps 71, 20f).

Wenn jemand mir so von seiner Vergangenheit erzählt, dann höre ich und verstehe, wie es ihm gegangen ist. Und ich höre: Auch wenn es schlimm kommt und alles verdorben und zu Ende scheint – es gab doch immer einen Weg und Gott hat mich nicht verlassen. Solche Erinnerungen eines alten Menschen sagen mir: so kann es auch mir gehen. Auch mir bleiben die dunklen Stunden nicht erspart. Aber dann wird Gott da sein und mir Kraft geben und Mut.

Wenn alte Leute so erzählen, dann höre ich gern zu. Denn das macht mir Mut.

Verlorenes wiederfinden

„Ich habe so gern gesungen, und auch ganz schön, glaube ich", erzählt mir die alte Dame. „Aber jetzt habe ich das aufgegeben. Meine Stimme ist zu alt", sagt sie. „Aber der Chor fehlt mir so. Ich habe doch so gern gesungen."

Bald danach erzählt mir eine Freundin, dass sie früher gemalt hat. Früher. Aber sie malt schon lange nicht mehr. „Ich hatte keine Zeit, die Kinder, weißt du", sagt sie. „Und wir hatten auch keinen Platz dafür in der Wohnung. Da habe ich es aufgegeben. Ich glaube, jetzt könnte ich es auch gar nicht mehr."

Die beiden Frauen haben mich daran erinnert, dass im Laufe der Zeit immer mal wieder was verloren geht. Kleines und Großes, das zum Leben gehört hat. Begabungen, Talente, Möglichkeiten. Auch Freundschaften und Beziehungen. Manchmal gehen sie verloren, weil der Alltag so vielfältig ist und so unübersichtlich. Da verliert man aus dem Auge, was eigentlich doch wichtig wäre. Manchmal stürzt so viel auf einen ein, dass man nicht mehr alles im Auge behalten kann. Manchmal ist man einfach unachtsam – und plötzlich kriegt man einen Schreck: Ich habe was ganz Wichtiges verloren.

Jesus hat von einer Frau erzählt, die hatte zehn Silberstücke. Das war ihre Aussteuer fürs Leben, das Kapital, von dem sie leben sollte. Und als einer davon verloren war, erzählt Jesus, da macht sie überall Licht, räumt das ganz Haus auf, kehrt aus und schaut hinter Schränke und Kommoden: bis sie das verlorene Silberstück gefunden hat. Und als sie es wieder hat, so endet die Geschichte, da feiert sie aus lauter Freude mit Nachbarn und Freunden ein Fest.

Wer merkt, dass ihm etwas verloren gegangen ist, sagt mir diese Geschichte, der darf nicht bloß traurig sein und den Verlust bejammern. Wenn man sich Mühe macht, vielleicht auch ein bisschen Staub aufwirbelt, dann kann man wiederfinden, was verloren war. Manchmal vielleicht auch nicht, aber wie oft findet man, ganz aus Versehen, etwas anderes. Und darüber kann man sich genauso freuen! Die alte Dame, die so gern gesungen hat, leitet jetzt den Chor in der Kindertagesstätte. Da singen die anderen und sie dirigiert. „Vielleicht fange ich das auch noch im Altersheim an", sagt sie und strahlt. Und meine Freundin, die gemalt hat, die photographiert jetzt, am liebsten Blumen ganz aus der Nähe.

Jesus hat zu seiner Geschichte von der Frau und dem Groschen übrigens gesagt: So ist Gott. Er freut sich, wenn seine Menschen sich nicht abfinden mit all den Verlusten in ihrem Leben. Gott freut sich, wenn einer umkehrt und umdenkt und neu Ausschau hält nach seinen Möglichkeiten. Die Begabungen, die ein Mensch hat, sollte man nicht einfach verloren gehen lassen. Denn die sind ja unsere Aussteuer fürs Leben von Gott. Ich finde: Da lohnt es sich auch mal zu suchen.

Das Leben leichter nehmen

Wenn man älter wird, kann man das Leben leichter nehmen. Dann kann man lächeln über das, was vor Jahren wie ein großer Berg vor einem lag. Jetzt bin ich ja schon oben, vielleicht schon über den Gipfel hinüber. Jetzt geht es leichter. Obwohl: Manche sagen ja auch: Es geht alles schwerer, je älter man wird. Und die Angst vor dem, was noch kommt, bedrückt einen.

Eine Frau, von der die Bibel erzählt, zeigt mir: Wenn man alt wird, kann man lachen. Und zwar gar nicht zynisch oder bitter – sondern voller Freude über das, was vielleicht noch möglich werden kann. Die Angst scheint nicht mehr so groß zu sein vor dem, was kommt. Deshalb kann sie lachen und getrost hoffen: Alles wird gut.

Ich denke an Sarah. Von der erzählt die Bibel, dass sie ihrem Mann Abraham gefolgt ist in ein ganz neues Leben. Noch im Alter haben sie neu angefangen und es weit gebracht. Nur der erhoffte Erbe hat sich nicht eingestellt. Sarah blieb kinderlos. Irgendwie, mit allerlei Auseinandersetzungen, haben sie sich auch damit arrangiert und eine Lösung gefunden. Und jetzt waren sie zu alt dafür. Dachten sie jedenfalls. Da, auf einmal, wird ihnen doch noch ein Erbe, ein eigener Sohn sogar, angekündigt (vgl. 1. Mose 18). Irgendwelche Besucher sind es, die von dieser ganz neuen Möglichkeit reden. Aber sie reden so, dass Sarah das ganz ernst nimmt. Sie hat das Gefühl, da redet Gott selbst von noch einem neuen Anfang. Und Sarah? Lacht!! Richtig vergnügt klingt, was sie sagt: „Soll ich jetzt noch das Glück der Liebe haben? Wo ich so alt bin und mein Mann auch?" Sarah lacht. Sie freut sich, dass da noch mal was Neues kommt.

Sarah ist alt und kann lachen. Sie hat keine Angst mehr vor dem, was kommt. Es könnte ja auch anders sein. Bitter könnte ihr Lachen klingen – solange habe ich gewartet und mich gegrämt, weil es nicht geklappt hat, wie ich mir das vorgestellt habe, jetzt mag ich nicht mehr. Jetzt mag ich nichts Neues mehr. Wer weiß, ob ich dem noch gewachsen wäre? Ich will nichts mehr, was meine Ruhe durcheinander bringt.

So könnte Sarah denken. Ich kenne diese Bequemlichkeit auch bei mir. Aber Sarah reagiert anders. Sie freut sich darauf, dass sie noch mal was Neues in die Welt setzen wird.

Anscheinend hat Sarah in ihrem langen Leben gelernt, das, was kommt, aus Gottes Hand anzunehmen. Immer wieder gab es Neues und neue Aufgaben. Und trotz mancher Schwierigkeiten, ging es immer gut. Denn Gott war dabei und hat sie begleitet und ihr Halt gegeben. Weil sie das erlebt hat – deshalb kann Sarah auch jetzt von Herzen lachen. Denn das Leben wird leichter, wenn man so wie sie älter geworden ist.

10. ENGEL? ...?

Fürchte dich nicht!

Woran erkennt man eigentlich einen Engel? Im Advent scheint die Antwort ganz einfach: An den Pausbacken und den Speckringen an den Ärmchen, an den blonden Locken und den Flügeln. So jedenfalls möchte man antworten, wenn man in die Schaufenster schaut oder in die Bilderbücher. Da sind sie ganz einfach zu erkennen, die Engel.

Ich glaube aber, Engel sehen ganz anders aus. Ganz normal eigentlich, wie Sie und ich. So jedenfalls scheint es, wenn man die biblischen Geschichten liest, die von Engeln erzählen. Aber wenn in der Bibel erzählt wird, wie Menschen einem Engel begegnen, dann geht es nicht darum, wie die Engel ausgesehen haben. Wichtig ist, was sie zu sagen haben. Engel sind schließlich Boten von Gott, das sagt schon das Wort. Angelos ist griechisch und heißt: Bote.

Von Engeln ist in der Bibel dann die Rede, wenn Menschen nicht mehr weiter wissen. Wie Maria zum Beispiel, die junge Frau, die ein Kind bekommen würde und eigentlich so gar nicht damit gerechnet hatte. Auf einmal steht jemand vor ihr und sagt ihr: Gott braucht dich. Dich und dein Kind. Dein Sohn wird die Welt verändern. Die Kraft Gottes wird in ihm sein. Und in dir. Der Fremde gibt ihr dann noch einen Rat, an wen sie sich wenden kann wenn sie Hilfe braucht. Er weist sie auf eine andere Frau hin, eine ältere Verwandte sogar, die auch ganz unerwartet noch ein Kind bekommt. Und Maria begreift: die wird mich verstehen. Zu ihr werde ich gehen. Da hat Maria keine Angst mehr. Sagt ja zu ihrem Kind. Sagt ja zu Gott. So kann die Welt anders werden. Später haben die Menschen dann gesagt und erzählt und in der Bibel aufgeschrieben: Das war ein Engel, der das möglich gemacht hat. Ein Bote von Gott. Wer sonst könnte das schaffen? Wer könnte einem jungen Mädchen die Angst nehmen vor einem ungeplanten Kind?

Maria, denke ich mir, hat das auch erst später so gesehen Jedenfalls hat sie sich anscheinend nicht gewundert über diese Begegnung. Gewundert hat sie sich über das, was der Unbekannte ihr versprochen hat: Gott wird mit dir sein. Das hat vorher noch keiner zu ihr gesagt. Aber es tut ihr gut. Es nimmt ihr die Angst. Dazu braucht Gott seine Engel, glaube ich: dass sie Menschen die Angst nehmen. „Fürchte dich nicht!“, sagen sie in den biblischen Geschichten oft als erstes.

Ich glaube: Wer einem anderen die Angst nehmen kann und Vertrauen ins Leben geben – das ist ein Engel. Von Gott geschickt. Und es ist gar nicht so wichtig, ob man das gleich erkennt.

Engel erinnern an Gottes Möglichkeiten

Manche Menschen geben zu früh auf, finden sich zu früh ab mit ihrer Situation. So wie Zacharias und seine Frau Elisabeth, von denen die Bibel erzählt. Die beiden hatten keine Kinder, das war ihr großer Kummer. Aber irgendwann haben sie sich gesagt: „Jetzt sind wir sowieso zu alt" und haben versucht, sich abzufinden und zufrieden zu sein.

Zacharias war Priester. Aber ob der Glaube den beiden geholfen hat? Vielleicht aber hat er ihren Kummer nur größer gemacht. Warum tut Gott uns das an, so fragen sich viele in ähnlicher Situation. Wir haben doch niemandem etwas getan. Warum straft er uns so.

Da, auf einmal redet jemand mit Zacharias. Er ist gerade bei der Arbeit im Gottesdienst im Tempel. Da spricht ihn einer an und macht ihm klar: Die Möglichkeiten Gottes sind noch nicht zu Ende. Ihr braucht eure Hoffnung noch nicht aufzugeben. Gott hat noch etwas vor mit euch. Elisabeth wird einen Sohn bekommen, sagt mitten im Gottesdienst jemand zu Zacharias. Du sollst ihn Johannes nennen. Durch ihn werden viele ganz neu begreifen, was es heißt, an Gott zu glauben. Was für eine Aussicht: Das, wofür Zacharias sein ganzes Leben gearbeitet hatte, das würde sein Sohn weiterführen. Und er würde es besser machen. Würde mehr Mut haben als sein Vater, würde es anders und neu probieren und die richtigen Worte finden.

Wie würden Sie reagieren auf so eine Ankündigung? Wenn Sie sich schon abgefunden haben, dass nichts zu machen ist und dann sagt jemand: Warum hast du dich schon abgefunden? Gott hat Möglichkeiten, an die hast du noch gar nicht gedacht.

Wie würden Sie reagieren? Mit Überschwang und Begeisterung und Freude? Oder doch eher skeptisch? Ich würde es vielleicht nicht glauben wollen aus Angst, dann doch enttäuscht zu werden. Mancher könnte es wahrscheinlich nicht glauben können, weil er zu lange immer wieder enttäuscht worden ist.

So geht es auch Zacharias. Er kann das nicht glauben. Deshalb bleibt er stumm. Er sagt nichts, wagt vielleicht nicht, davon zu sprechen, weil er sich nicht lächerlich machen will mit dieser neuen Hoffnung.

Aber seine Frau bringt wirklich ein Kind zur Welt. Das nennt er Johannes. Und dann erzählt er. Von dem Mann im Tempel. Und auf einmal ist er sicher: Das war ein Engel. Ein Bote Gottes. Der hat uns geholfen, wieder an die Zukunft zu glauben. Der hat uns erinnert, dass Gott mehr Möglichkeiten hat, als wir uns vorstellen können.

Mir sagt diese Geschichte von Zacharias und Elisabeth: Engel helfen einem, wieder an die Zukunft zu glauben. Weil sie mich an Gottes Möglichkeiten erinnern.

Nicht bloß für Frauen und Kinder

An junge Männer kommt man schlecht ran – jedenfalls nicht mit Gesprächsangeboten und gutem Rat. Schon gar nicht als Mutter oder Vater, wenn man das Gefühl hat: Der Junge hat ein Problem. Man sollte mal mit ihm reden.

Denn junge Männer haben keine Probleme. Die jedenfalls, die ich kenne, haben keine – das heißt: sie reden jedenfalls nicht drüber. „Alles im grünen Bereich", sagen sie, wenn man sie fragt, was los ist. Sie möchten gern alles im Griff haben. Und deshalb wollen sie es sich nicht anmerken lassen, wenn sie irgendwo nicht zurecht kommen. Wahrscheinlich können sie es nicht mal vor sich selber eingestehen. Das passt nicht zu dem Bild von dem kraftstrotzenden jungen Mann, der sie gern wären.

Deshalb ist an die jungen Männer schwer ranzukommen. Für meine Söhne hoffe ich deshalb immer, dass Gott ihnen einen Engel schickt, der ihnen zeigt, wo es langgehen könnte.

So, wie er das bei Josef gemacht hat, dem jungen Mann, dessen Verlobte plötzlich ein Kind erwartete. Von Josef war es anscheinend nicht. So jedenfalls erzählt es die Weihnachtsgeschichte der Bibel. Dass Josef alt war, mehr so ein guter Onkel oder Großvater, das haben sich die Maler und Bildhauer für ihre Krippendarstellungen später ausgedacht. Ich denke er war eher jung. Was in Josef vorgeht, als seine Maria so unerwartet schwanger ist, das erfährt man in der Geschichte nicht. Wahrscheinlich hat der junge Mann nicht darüber geredet.

Die Bibel notiert: Josef war gerecht – ich würde vielleicht sagen: er war ein guter Junge. Deshalb wollte er Maria nicht bloßstellen. Aber was sollte er tun? Josef wusste nicht weiter. Das einzige, was ihm einfällt: Bloß weg hier! Josef will der schwierigen Situation ausweichen. Davonlaufen. Flüchten. In der Sprache der Bibel heißt das: „Josef aber … gedachte, sie heimlich zu verlassen." Gott aber lässt den Josef nicht einfach kopflos und ratlos davon laufen. Er schickt ihm einen Engel. Im Traum. Der hilft ihm, zu verstehen, was los ist. Der zeigt ihm, wie es weitergehen kann. Da begreift Josef, was er zu tun hat.

Ich kenne ein paar junge Männer, die versuchen, ihren Problemen davon zu laufen. Und ich bin froh, dass Gott Wege finden kann, um an sie heranzukommen. Es muss ja nicht immer ein Traum sein. So ein Engel kann vielleicht auch der Fußballtrainer sein, der Kumpel aus der Schule, manchmal vielleicht sogar der Opa oder die Mutter. Ein Engel, der einen Rat gibt. Aber so, dass es eigentlich niemand merkt. Und hinterher scheint es dem jungen Mann so, als hätte er ganz von allein seinen Weg gefunden.

Quer

Querulanten sind unangenehme Menschen. Immer stellen sie sich quer. An allem haben sie was zu meckern und auszusetzen. Es könnte alles glatt gehen, man ist sich einig, so machen wir das und wir profitieren alle davon. Dann kommt so ein Querulant und stellt sich quer. Hat Bedenken. Findet ein Haar in der Suppe. Hält alles auf. Schafft bloß Unruhe. Das nervt. „Der ist ein Querulant!" sagt man dann, und das heißt: Der ist zwar lästig, aber es lohnt nicht, auf den zu hören.

Aber manchmal macht man es sich zu einfach, wenn man die Leute bloß links liegen lässt, die sich quer stellen. Daran erinnert mich eine sehr merkwürdige biblische Geschichte von einem Esel. Dieser Esel, genauer gesagt, eine Eselin, gehörte Bileam. Bileam war eigentlich unbescholten, aber eines Tages ließ er sich doch mit der Aussicht auf viel Geld und entsprechendes Ansehen dazu bewegen, von seinen Grundsätzen abzuweichen. Irgendwie und irgendwann wird fast jeder verführbar. Die Bibel ist ein Buch von großer Menschenkenntnis. Irgendwann sagt fast jeder: Es wird schon keiner merken. Oder: das machen doch alle so. Oder: ich muss auch an die Zukunft meiner Familie denken. Ich wäre doch dumm, wenn ich diese Gelegenheit nicht ergreifen würde.

Bileam dachte jedenfalls so. Er stieg auf seine Eselin und machte sich auf den Weg um etwas zu tun, was nicht recht war. Da stellte sich der Esel quer. Eigentlich war er ein gutmütiges Tier, heißt es ausdrücklich. Aber jetzt stellt er sich quer, bockt und will nicht weiter. Bileam hatte sich das alles so schön ausgedacht – und jetzt hält ihn dieser Esel auf! Bileam wird wütend: So ein Esel, schimpft er, so ein Querulant, dem werde ich's zeigen. Bileam prügelt seine Eselin. Will sie aus dem Weg schaffen, damit er endlich weiter kann auf seinem verkehrten Weg. Am liebsten würde ich sie hier auf der Stelle abstechen, schimpft er. So wütend ist Bileam, weil einer seinen Plänen im Weg steht.

Bis ihm – Gott sei Dank – auf einmal die Augen aufgehen. Da sieht er, warum sein Esel sich so quer stellt: mitten im Weg steht ein Engel. Bileam, ganz auf sein Vorhaben fixiert, hat ihn nicht gesehen. Der Esel schon. Der Engel warnt Bileam vor seinem Vorhaben. Da sieht er wieder klar, was er für einen Augenblick aus den Augen verloren hatte. Ich bin auf einen falschen Weg geraten. Und Bileam ändert seine Pläne.

Natürlich ist nicht jeder Querulant ein Engel. Mancher ist er auch bloß ein störrischer, griesgrämiger Esel.

Aber jedenfalls sollte man aufmerksam bleiben. Denn manchmal stellt Gott selbst einem seinen Engel quer in den falschen Weg. Gut wenn man ihn erkennt.

Einfach Glück gehabt?

Manchmal schickt Gott einen Engel – dann kommt einer unbeschadet heraus aus großer Gefahr. Viele andere kommen um, wenn sie in die Höhle des Löwen geraten. Oder es ist keiner da, der ihnen aufhilft, wenn sie eine schwere Niederlage einstecken müssen. Wie soll man das verstehen?

Die Bibel erzählt Rettungsgeschichten. Darin ist häufig von Engeln die Rede. Die Geschichte von Daniel zum Beispiel, der wegen einer Intrige neidischer Konkurrenten zum Tode verurteilt und in die Löwengrube geworfen wurde. Am nächsten Morgen ließ der König, der ihm sehr gewogen war, nach ihm sehen: Da wurde Daniel unbeschadet aus der Löwengrube gezogen. Ein Engel Gottes hätte den Löwen das Maul zugehalten, gab er an (Dan 6, 6). Oder Tobias, ein junger Mann, der eine lange gefahrvolle Reise machen sollte. Bei seiner Abfahrt fand sich ein anderer, der das gleiche Ziel hatte. Und gemeinsam kamen sie am Ende wohlbehalten wieder heim. Da erst begriffen Tobias und seine besorgten Eltern: Da hat Gott uns seinen Engel geschickt (Tob 1-4). Oder Petrus, den sie zur Abschreckung für andere Christen misshandeln und einkerkern ließen. Mitten in der Nacht kam er frei. Ich weiß selbst nicht, wie das war, hat er anscheinend hinterher berichtet: Es war wie im Traum, aber jetzt bin ich wirklich hier und bin frei.

Gott schickt einen Engel und Menschen kommen frei. Und die vielen anderen, die Schaden nehmen? Schickt Gott etwa seine Engel nur zu denen, die besonders verdiente Christen sind und besonders fest glauben? Das wäre empörend. Jesus hat gezeigt, dass Gott jedem nahe sein will, der ihn braucht. Und andererseits: wie viele – auch gute Christen – erleben schweres Unglück. Und kein Engel kommt ihnen zur Hilfe.

Wie soll ich das verstehen? Hat Gott zu viel zu tun, dass er sich nicht um alles kümmern kann? Oder hat er manchmal keine Lust, sich um seine Menschen zu kümmern? Meine Antwort auf solche Fragen sieht im Augenblick so aus:

Unsere Welt ist leider nicht das Paradies und auch nicht das Himmelreich. Erst da werden Leid und Geschrei und qualvolles Sterben vorbei sein. Bis dahin aber gibt es Gewalt und Unheil, Unrecht und viel zu viele Menschen, die zu Opfern werden. So ist die Welt. So haben Menschen sie eingerichtet. Leider. Aber, sagen mir die Geschichten von den Engeln: Manchmal ist Rettung möglich. Wenn sich welche finden, die mutig sind und eingreifen. Wenn einer sich ein Herz fasst und Partei ergreift. Dann ist manchmal Rettung möglich, wo schon alles verloren schien. Manche sagen dann: Zufall! Andere sagen: Glück gehabt! Und die an Gott glauben, die sagen: Da hat Gott einen Engel geschickt.

Mitfühlend und liebevoll

Bei der Friedhofsverwaltung ruft man nicht zum Spaß an. Ich musste neulich dort anrufen, nicht für mich, für junge Leute in meiner Nachbarschaft. Die waren in einer schlimmen Ausnahmesituation, wussten einfach nicht weiter. Also habe ich für sie angerufen und mich erkundigt. Leicht ist mir das auch nicht gefallen. Aber nach dem Anruf bei der Friedhofsverwaltung ging es mir besser.

Da war eine Frau am Telefon, die wollte helfen. Schon beim ersten Satz war das zu hören: Wir wissen, wie es Menschen in so einer Situation geht, hat sie gesagt. Wir wollen alles tun, um es ihnen leichter zu machen. Und dann hat sie mir in aller Ruhe und sehr freundlich erklärt, was man tun muss und was man tun kann und wo man Hilfe findet. Und dass ich gern noch mal anrufen kann, wenn was unklar ist. Die fremde Frau am Telefon der Friedhofsverwaltung war mitfühlend und: liebevoll. „Sie sind ein Engel“, habe ich ihr gesagt, und ihre Auskünfte und ihre Telefonnummer weitergegeben. Dann hat sie den Trauernden weiter geholfen. So weit jedenfalls, dass sie die ersten Schritte tun konnten, die nötig waren. Nach dem Anruf bei der Friedhofsverwaltung ging es auch ihnen besser. Gott sei Dank.

Es kann aber auch anders gehen: Da kriegt man Auskünfte, korrekt und sachkundig. Man wird über Kosten informiert, welche Bescheinigungen man braucht und was alles zu bedenken und zu erledigen ist. Man kriegt Auskünfte. Und dabei hätte man Hilfe gebraucht. Und keiner hat's gemerkt.

„Wenn ich mit Menschen- und mit Engelszungen rede und hätte keine Liebe, dann wäre ich ein tönendes Erz oder eine klingende Schelle!" schreibt der Apostel in einem der schönsten Abschnitte der Bibel. Kalt wie Metall und glatt und lauter Blech – so kann es bei Betroffenen ankommen, wenn ich mit ihnen rede. Natürlich, ich weiß: Jeder hat mal einen schlechten Tag und für den Mann war das natürlich Routine. Aber für die jungen Leute eben nicht. Die haben zum ersten und hoffentlich nur dieses eine Mal so eine Ausnahmesituation. Um das zu begreifen, braucht es mehr als Sachkunde. Um das zu begreifen braucht es Liebe. Dann kann das helfen, was man sagt.

Bei keiner Verwaltung ruft man zum Spaß an. Aber es kann einem hinterher besser gehen, wenn die Menschen am Telefon liebevoll mit einem reden. Ich wünsche Ihnen, dass Sie das so erleben, wenn Sie irgendwo anrufen müssen. Und wenn Sie am Telefon Auskunft geben müssen – auch wenn die Anrufer ein bisschen merkwürdig sind, wer weiß, was die gerade durchmachen -, denken Sie bitte an Paulus: „Wenn ich mit Menschen- und Engelszungen rede und habe keine Liebe, dann ist alles bloß Blech."

11. GOTTVERTRAUEN

Gott ist da!

Es gibt Tage, da fühlt man sich ganz allein mit seinem Kummer und hilflos. Die biblischen Geschichten, die um Ostern herum erzählt werden, die handeln von Leuten, denen es so geht. Scheinbar von Gott und aller Welt verlassen wissen sie nicht, wie es weiter gehen soll. Aber jede einzelne Geschichte zeigt: Gott war die ganze Zeit da. Ganz nah. Er hat sie begleitet. Die Menschen haben ihn bloß nicht gesehen. Nicht sehen können vor lauter Kummer und Sorgen.

Vielleicht kennen Sie die Geschichte von den beiden traurigen Männern, die unterwegs sind in das Dorf Emmaus. Enttäuscht vom jämmerlichen Ende ihres Freundes Jesus und enttäuscht vom Ende ihres gemeinsamen Traumes. Jesus, ihr Freund, hat sie im Stich gelassen. Was er versprochen hat, davon ist nichts geblieben. Jetzt wissen seine Freunde nicht mehr weiter. Sie können und wollen nichts anderes sehen und nichts anderes hören. Sie beklagen sich bloß: wir hatten so gehofft. Und jetzt ist alles aus. Ein Mann, dem sie scheinbar zufällig begegnen, geht mit ihnen. Er hält trotzdem bei ihnen aus. Fragt. Hört zu. Versucht zu erklären. Die Bibel erzählt die Geschichte zu Ende: Es wird wirklich besser für die traurigen Männer. Sie finden einen Weg. Begreifen, wie sie weiterleben können: miteinander im Geist Jesu. Da, am Ende der Geschichte merken sie: Das war Jesus, das war Gott selbst, der sie getröstet hat. Er war die ganze Zeit da. Sie hatten es bloß nicht sehen und schon gar nicht spüren können. Sie waren so mit sich und ihrem Kummer beschäftigt.

Wenn man mitten drin steckt im Kummer, dann fühlt man sich manchmal ganz allein. Aber hinterher merkt man: Gott war die ganze Zeit da. Hinterher versteht man womöglich sogar, *wie* er einem nah war: Der Anruf, ganz unvermutet. Hast Du Lust mitzukommen? Uns fällt die Decke auf den Kopf. Und dann wird es ein so schöner Abend. Oder die Nachbarin, die fragt: „Wie geht‘s denn?“ und auf einmal kann ich es wirklich sagen. Muss nicht länger so tun, als ob alles in Ordnung wäre. Sie fragt bloß und hört zu. Gibt keinen Rat, weiß vielleicht auch keinen. Aber sie hält mein Jammern aus. Und sie macht Kaffee und ich sage am Schluss: „Bis morgen!“ Das ist schon viel. Das hilft. Und irgendwann sage ich es ihr vielleicht: Sie hat mir damals der Himmel geschickt!

In der Bibel heißt es am Schluss: dann war der Fremde verschwunden. Man kann Gott nicht bei sich festhalten, ein für alle mal. Irgendwann kommen sie wieder, die dunklen Stunden. Aber vielleicht kann ich mich dann erinnern wie das war. Und darauf vertrauen: Auch wenn ich es jetzt nicht merke: Gott lässt mich nicht im Stich. Diese Erfahrung wünsche ich Ihnen und mir.

Frieden

„Lasst mich doch alle in Frieden!" Wer das sagt, der möchte es ruhig haben und in Ruhe gelassen werden. Ich habe genug von Streit und Ärger, heißt das, ich will eigentlich auch nichts mehr hören von den Sorgen der anderen, denn die machen mich bloß unruhig und ängstigen mich. Ich will auch nicht für alles Mögliche herangezogen werden und überall helfen müssen, ich habe doch eigentlich schon genug zu tun.

Aber wie ist es, wenn man ihn dann hat, solchen Frieden? Dann ist es so still und leer. Wenn einen alle in Frieden lassen, dann ist Ruhe. Aber ein bisschen ist es dann auch wie auf dem Friedhof: Man spürt die Einsamkeit und wird traurig, weil niemand da ist, mit dem man das Leben teilen kann.

Jesus hat seinen Nachfolgern Frieden versprochen. Aber so eine Friedhofsruhe hat er damit nicht gemeint, glaube ich. Wenn er sagt: „Meinen Frieden gebe ich euch" (Joh 14, 27), dann meint er eben nicht dasselbe, was ich im Sinn habe, wenn ich sage: „Nun lasst mir endlich meinen Frieden." Jesus gibt nicht meinen – er gibt *seinen* Frieden.

Ich denke an Zachäus, den kleinen Zöllner. Der hatte sich versteckt, so gut er konnte, damit die Leute ihn in Frieden ließen. Aber Jesus ließ ihn nicht in Ruhe. Als er in die Stadt kam, lud er sich bei Zachäus ein. Jesus spürte wohl, dass seine selbst gewählte Isolation nicht gut war für den Zachäus. Also machte er Besuch bei ihm in der Zollstation. Und sofort wurde es unruhig in seinem Haus, denn Zachäus fing an, sein Leben in Ordnung zu bringen. Wahrscheinlich hat er Frieden gefunden, als das geschafft war.

Wie kann solcher Friede anfangen? Ich glaube, er fängt damit an, dass ich mich nicht allein fühle, wenn mir Dinge Angst machen. Wenn ich dann jemanden habe, auf den ich mich verlassen kann – das macht mein Herz ruhig. Und genau das verspricht Jesus. Gott sagt er, Gott schickt mir seinen Beistand, seinen Geist, der im Haus meines Lebens einzieht. Der Fenster und Türen aufmacht und frische Luft herein lässt. Der Bewegung in mein Leben lässt. Aber vor allem: der mitgeht. Der da ist, wenn ich nicht mehr weiter weiß. Der zuhört, wenn mir alles zu viel wird. Der bei mir bleibt, wenn es anders kommt, als ich es erhofft hatte. Gottes Heiliger Geist steht mir bei, wenn ich Angst habe, dass ich das nicht schaffe, was vor mir liegt.

Ich spüre, wie mich das beruhigt. Gott verspricht mir: Ich bin da. Ich stehe dir bei, was auch geschieht. Deshalb brauche ich nicht zu verzagen, wenn es unruhig ist um mich herum. Ich brauche keine Angst zu haben vor denen, die ihre Ansprüche an mich stellen. Gottes Geist wohnt im Haus meines Lebens. So fängt Frieden an – mitten im Trubel des Lebens.

Geduld

Manchmal bin ich am Ende mit meiner Geduld. Das kommt nicht oft vor, aber wenn, dann ist nichts mehr zu machen. Dann ist Schluss. Aus. Vorbei. Ende. „Du kannst mich mal gerne haben“, sage ich dann. „Das hat doch keinen Sinn, so weiterzumachen. Das wird doch nichts mehr.“

Manchmal scheint mir so ein radikales Ende nötig, um mich selbst zu schützen. Wenn es immer an derselben Stelle nicht weiter geht, dann macht man sich ja kaputt und es kommt trotzdem nichts dabei heraus. Vielleicht hilft es sogar auch dem anderen, wenn der sich nicht mehr darauf verlassen kann, dass ich immer weiter Geduld habe. Eltern wissen, wie das ist, und bei der Arbeit gilt das wohl auch.

Einmal, erzählt die Bibel, ist sogar Gott die Geduld ausgegangen. Zu boshaft und zu egoistisch war ihm das Treiben der Menschen. Das konnte und wollte er nicht länger mit ansehen. In einer großen Flut ist alles versunken. Schluss. Aus. Vorbei. Ende. Nur eine Handvoll Menschen in der Arche blieben übrig. Mit denen sollte alles neu anfangen. Mit denen sollte alles viel besser werden.

Wenn ich diese Geschichte ernst nehme, sind wir alle die Nachfahren der Leute aus der Arche. Und? Ist es besser geworden? Sind die Menschen, sind wir Menschen besser geworden?

Anscheinend hat Gott das geahnt. Die Bibel jedenfalls erzählt: Gott hat eingesehen, dass es bloß Chaos gibt, Untergang und Unheil, wenn er die Geduld verliert. Und nichts wird besser. Deshalb verspricht Gott: „Ich will die Erde wegen der Menschen nicht noch einmal verderben. Denn die Menschen sind von Jugend an fähig zum Bösen" (1. Mose 8, 21). Ich verstehe das so: Menschen werden nicht besser, wenn man die Geduld mit ihnen verliert. Aber genau das liegt Gott ja am Herzen. Menschen sollen leben können. Gut leben. Möglichst jeder und jede. Nicht einer auf Kosten des anderen. Sondern einer für den anderen. Menschen sollen nicht untergehen und nicht verloren gehen, weil Gott die Geduld verliert. Sie sollen üben, gut miteinander zu leben.

Deshalb übt Gott sich in Geduld. Damit die Menschen probieren können, gut miteinander zu leben. So verstehe ich jedenfalls die Geschichte von der Geduld Gottes. Und ich denke an Jesus: Der hat zu Menschen, die sich verfehlt haben, nicht gesagt: So, jetzt reicht's aber. Schluss. Aus. Ende. Jesus hat gesagt: Steh auf! Geh. Versuchs noch mal. Fang neu an. Mach's besser. Jesus hat den Menschen zugetraut, dass sie es schaffen können. Deshalb konnte er Geduld haben mit ihnen.

Ich bin nicht der liebe Gott. Manchmal geht mir die Geduld aus. Vielleicht muss das manchmal auch sein. Aber: immer bin ich froh, dass ich glauben kann: Gott ist geduldig. Mit mir. Und mit den anderen auch.

Umwege

Ein Vater will keine Konflikte, also hält er sich an das, was man schon immer so gemacht hat. Aber die Mutter hat ganz andere Vorstellungen Und weil sie fürchtet, dass mit ihrem Mann nicht zu reden ist, versucht sie hintenrum, die Dinge in ihrem Sinn zu drehen. Dabei richtet sie Schlimmes an. Der Sohn folgt ihrem Rat, hintergeht damit seinen Bruder, erschleicht sich das Erbe. Das kann natürlich nicht gut gehen. Die Familie bricht auseinander. Für Jahrzehnte reißt der Kontakt ab.

So ist das Leben. Es gibt nichts, was es nicht gibt. Leider. Warum aber steht so eine Geschichte in der Bibel (1. Mose 27)? Weil die Bibel ein Buch ist, das vom wirklichen Leben erzählt. Diese Geschichte zum Beispiel, von Jakob und seiner Familie. Das sind alles keine Heiligen, von denen da die Rede ist. Das ist eine Geschichte. Sie geraten auf Abwege und Umwege, eine Geschichte, in der alles vorkommt, was im Leben eben vorkommt. Manches davon könnte auch in Ihrem und meinem Leben passieren.

Jakobs Geschichte steht in der Bibel. Aber Gott kommt auf den ersten Blick eigentlich gar nicht darin vor. Jedenfalls nicht ausdrücklich. Kein Wunder, sagen Sie jetzt vielleicht – wo es so zugeht wie in dieser Familie: da ist für Gott kein Platz. Das wäre ja noch schöner. Wo Menschen sich so verhalten – da brauchen sie mit Gott nicht zu rechnen.

Aber ich glaube, diese Geschichte steht in der Bibel, weil es gerade anders herum ist: Gott steckt mitten drin, auch in dieser Familiengeschichte. Gott ist nicht irgendwo, hoch oben im Himmel, weit weg von all dem Durcheinander, das wir Menschen so anrichten. In unseren verworrenen Geschichten, da ist Gott mittendrin. Gott sei Dank. Und wenn man Jakobs Geschichte zu Ende hört, dann kann man sehen: Gott überlässt die Menschen auf ihren Ab- und Umwegen nicht ihrem Schicksal. Auch nicht dem, was sie angerichtet haben. Er bleibt bei denen, die anscheinend alles verkehrt machen. Er hilft den Gestrauchelten wieder auf die Beine. Zeigt denen einen neuen Weg, die anscheinend am Ende sind. Und schließlich sehen sie: Es hat doch Sinn gehabt, was passiert ist. Das jedenfalls lerne ich aus der Geschichte Jakobs. Der betrogene Bruder findet seinen eigenen Weg und wird auf seine Weise ein angesehener Mann. Der Betrüger macht Erfahrungen und wird ein Segen für alle, denen er begegnet. Und am Schluss schaffen sie es sogar, sich zu versöhnen.

Wenn ich das alles auf einen Nennen bringen sollte, dann würde ich sagen wie Dietrich Bonhoeffer:

„Ich glaube, dass Gott aus allem, auch aus dem Bösesten, Gutes entstehen lassen kann und will.

Dafür braucht er Menschen, die sich alle Dinge zum Besten dienen lassen."

Fluchtweg, Ausweg oder Heilsweg?

Aufgeben oder weitermachen? Gehen oder bleiben?? Wenn die Schwierigkeiten überhand nehmen, dann fragt man sich das schon mal. Das kommt in den besten Familien vor, wie man so schön sagt. In fast jeder Paarbeziehung zum Beispiel gibt es mal eine Situation, in der man sich fragt: Gehen? Oder bleiben? Hier geht es nicht weiter. Aber vielleicht habe ich mit einem anderen wieder eine Chance?

Die Bibel erzählt von einem König, der aufgeben wollte. Nicht in seiner Ehe. Aber in seiner Politik. So wie bisher ging es nicht weiter. Der König wollte neu anfangen mit neuen Verbündeten. Mehr als zweieinhalb tausend Jahre ist das her, aber die Fragen waren damals die gleichen wie heute. Ich will ihnen die Geschichte kurz erzählen. Ahas hieß der König und sein Land wurde von Nachbarvölkern bedrängt. Womöglich würden sie bald schon die Hauptstadt einnehmen. Der König sah nur einen Ausweg: Die bisherige Politik aufgeben und ganz anders neu anfangen. In seinem Fall hieß das: Sich mit anderen verbünden und das Alte hinter sich lassen. Niemand hatte eine bessere Idee. Nur einer warnte: Jesaja, ein Gottesmann mit Weitsicht. Halte durch, warnte der, dann wird alles gut werden. Gott wird dir beistehen. Wenn du jetzt wegrennst und anderswo Hilfe suchst, wirst du alles verlieren. Wenn du jetzt nicht standfest bleibst, wirst du auch später nichts durchstehen können (Jes 7, 9).

Natürlich gilt der Rat Jesajas nicht für jede Lebenslage, in der es gefährlich wird oder unerträglich. Es gibt Situationen, da hilft nur noch die Flucht, damit man nicht zugrunde geht. Im Privatleben genauso wie im öffentlichen.

Aber ich glaube, was Jesaja damals geraten hat, gilt doch für viele Krisen auch heute. Wenn ich hier vor meinen Schwierigkeiten davon laufe – wenn ich meine, anderswo meinen Problemen zu entkommen, dann ist das ein Irrtum. Ein Fluchtweg ist manchmal ein Ausweg in höchster Not. Aber ein Fluchtweg ist kein Heilsweg. Man nimmt sich ja immer selber mit auf der Flucht. Und wenn ich hier die Konflikte nicht klären kann, dann wird mir das anderswo auch nicht wirklich gelingen.

Wenn ihr jetzt nicht standfest bleibt, werdet ihr auch später nichts durchstehen können. Inzwischen hat man die Worte des Ratgebers von damals anders übersetzt. Heute steht in der Bibel: „Glaubt ihr nicht, so bleibt ihr nicht." Ich finde das gar nicht schlecht. Irgendwie hat das bleiben und weitermachen wohl auch mit Glauben zu tun. Wer glauben kann, dass Gott hilft, der kann bleiben – und versuchen, zu klären und zu bessern, was anders werden muss.

Entlastung

Abends habe ich manchmal geschwollene Füße. Vielleicht kennen Sie das. Meine Ärztin hat mir erklärt, wie das kommt. Das will ich Ihnen ersparen. Mir kommt es jedenfalls so vor, als ob sich da im Laufe des Tages alle möglichen Lasten ansammeln. Und am Abend werden einem die Beine davon schwer. Dann wird jeder Schritt anstrengend.

Man kann das ignorieren und einfach weiter machen. Aber meistens kommt nicht mehr viel dabei heraus, wenn ich dann noch zu erledigen versuche, was nicht fertig geworden ist. Und am nächsten Morgen habe ich keine Lust mehr, wieder anzufangen.

Die Ärztin sagt, es tut nicht gut, die geschwollenen Beine einfach zu ignorieren. Dann erschlaffen die Gefäße, sagt sie, und es wird schlimmer. „Legen Sie die Beine hoch", rät sie. „Sie werden sehen, dann geht es ihnen bald wieder besser."

Am Abend, wenn mir die Beine wehtun, aber auch, wenn mich alles mögliche andere drückt, was vom Tag übrig geblieben ist, fällt mir das manchmal ein. Die hat gut reden, denke ich dann. Was noch nicht fertig ist, das erledigt sich ja nicht von allein. Und ich kann das auch nicht einfach so beiseite legen, was mich drückt: Der Ärger, den es gegeben hat, das Problem, für das ich noch keine Lösung weiß, die Sorgen, die sich plötzlich aufgetan haben – das alles lässt mich einfach nicht los.

Und dafür hilft es auch nichts, die Beine hoch zu legen.

Ein Seelsorger der ersten Christen hatte für die Leute damals einen Rat für solche Situationen, wenn einen die Last des Tages drückt. „Werft eure Sorgen auf Gott“, hat er ihnen geschrieben, „denn er sorgt für euch“ (1. Petr 5, 7). Ich nehme an, damals hatten die Leute auch nicht weniger Lasten zu tragen als wir heute. Und die sollen sie nun Gott anvertrauen. Ich glaube nicht, dass der Ratgeber von damals erwartet hat, dass Gott ihnen ihre Probleme löst. Aber er hat wohl gewusst: Es hilft, die Sorgen erst einmal loszulassen. Dann wird der Druck weniger. Aber das kann man nur, wenn man jemanden hat, dem man sie anvertrauen kann. Jemanden, bei dem sie gut aufgehoben sind. Jedenfalls vorläufig. Bis man sich selber wieder damit befassen kann.

Manchmal abends, wenn mich der vergangene Tag drückt, mache ich das. Dann bete ich. Ich halte nicht mehr krampfhaft und angestrengt an dem fest, was mich drückt. Ich spreche es aus – wenigstens still für mich. Und ich sage dazu: Ich lege es dir hin, Gott. Du kannst aushalten, was mich drückt. Du kannst es bei dir behalten. Morgen kümmere ich mich wieder darum.

Auch wenn Sie das ein bisschen komisch finden: mir hilft das meistens. Es erleichtert mich. Und man kann beim Beten auch ruhig die Füße hochlegen, finde ich. Ich glaube nicht, dass Gott das stört

Krumme Linien

Gott schreibt gerade, sogar auf krummen Linien. Auch wenn scheinbar alles schief geht, auch wenn ich schlimme Fehler gemacht habe – am Schluss kommt doch was Gutes dabei heraus. Weil Gott etwas Gutes aus dem machen kann, wo ich denke, daraus kann gar nichts werden.

Wenn mir dann einer sagen würde: Gott schreibt gerade, sogar auf krummen Linien – den würde ich auslachen. Oder mich ärgern. Der will mich bloß trösten, würde ich denken. Das kann doch nicht sein Ernst sein.

Aber: eigentlich stimmt es doch. Es dauert manchmal bloß ziemlich lange, bis man das erkennen kann, wie Gott auch auf krummen Zeilen gerade schreibt.

Als unsere württembergische Landeskirche vor ein paar Jahren Jubiläum gefeiert hat, da wurde immer wieder an Herzog Ulrich erinnert. Der hat in seinem Herzogtum im Mai 1534 die Reformation eingeführt. Seither gibt es die evangelische Württembergische Landeskirche, deren Ordnung bald danach auch für Baden übernommen wurde. Dabei war dieser Ulrich alles andere als ein frommer Christ. Anscheinend war er eher ein ungestümer, machthungriger junger Mann. Durch allerlei kriegerische Unternehmungen hat er sein Land vergrößert und mit glanzvoller Hofhaltung wollte er seine Bedeutung hervorheben. Dafür musste er dann allerdings die Steuern seiner Untertanen erhöhen. Aus

Verzweiflung riskierten die Leute einen ersten Bauernaufstand, den Herzog Ulrich blutig niederschlagen ließ. Selber verheiratet mit einer bayerischen Prinzessin wurde er schließlich sogar wegen der Frau seines Stallmeisters Hans von Hutten zum Mörder. Im Schönbuch bei Böblingen erstach Herzog Ulrich den wütenden Ehemann. Dessen Grab kann man übrigens in der Peter und Paulskirche in Köngen heute noch sehen.

Ulrich führte von da an ein tyrannisches Regiment. Die ihm im Wege waren, wurden hingerichtet. Schließlich wurde er aus seinem Land vertrieben. 15 Jahre lang war er im Exil. Was in dieser Zeit geschehen ist, darüber schweigt die Geschichtsschreibung. Aber als er dann wieder an die Herrschaft kam, setzte er in Stuttgart einen Prediger der Reformation ein. Er beauftragte andernorts vertriebene Anhänger der Reformation mit der Neuordnung der Kirche. Besonders die Einführung der Schulpflicht hat für die Entwicklung Baden-Württembergs Auftrieb gegeben.

Herzog Ulrich: ein rücksichtsloser Herrscher, ein Mörder sogar. Aber vielleicht auch ein Beispiel dafür, dass Gott gerade schreiben kann – auch auf den krummen Linien in meinem Leben.

Bibliografische Information der Deutschen Bibliothek:
Die Deutsche Bibliothek verzeichnet diese Publikation in der Deutschen Nationalbibliografie; detaillierte bibliografische Daten sind im Internet über http://dnb.ddb.de abrufbar

Augustenstraße 124, 70197 Stuttgart, Telefon 0711 60100 0, Fax 60 100 76
www.verlag-eva.de

Typografie und Satz: Atelier Reichert, Stuttgart
Druck: Druck- und Medienzentrum Gerlingen GmbH, Gerlingen
Umschlaggestaltung: Atelier Reichert, Stuttgart
Titelfoto: Andreas Lettow, Wedel

ISBN 978-3-7918-8035-8